>하루 15분<
실천으로 완성하는
자기주도학습

AI 시대, **자기주도학습**에 더 강해져라

하루 15분
실천으로 완성하는
자기주도학습

정형권 지음

더메이커

매일 아침에 일어나면 "내가 할 수 있는 일이 뭘까?"라고 생각했다.

그리고 저녁에 잠자리에 들 때는 "내가 그것을 했는가?"라고 자문했다.

나는 그렇게 하루를 시작하고 하루를 마무리 지었다.

– 벤자민 프랭클린

디지털 학습 시대에
자기주도학습은 필수 역량

AI 시대, 왜 자기주도학습인가

디지털 기술이 빠르게 발전하면서 우리의 삶도 크게 변화하고 있다. 특히 교육 분야에서는 온라인 강의, AI 학습 도구 등 다양한 디지털 학습 환경이 등장하며, 과거와는 전혀 다른 방식으로 공부하는 시대가 되었다. 이에 따라 학생들의 자기주도학습 능력에 따라 학습 격차가 더욱 벌어질 수 있다고 전문가들은 우려한다.

팬데믹(면역력이 없는 질병이 전 세계적으로 확산하는 현상) 당시, 학교가 문을 닫자 많은 학생이 혼란에 빠졌다. 그러나 그런 상황에서도 흔들림 없이 공부를 이어간 학생들이 있었다. 바로 자기주도학습 습관을 가진 학생들이다. 이들은 온라인 수업 환경에서도 스스로 학습을 조절하며 꾸준히 공부했다. 반면, 자기주도학습 능력이 부족한 학생들은 학업 성취도가 급격히 하락했고, 시간이

지날수록 학습 격차는 더욱 커졌다.

  팬데믹 이전에도 학생들의 학습 격차는 있었지만, 팬데믹을 계기로 그 차이는 더욱 확대되었다. 이후 4차 산업혁명이 가속화되면서 AI 중심의 기술 혁신이 교육 전반에 영향을 미치고 있다. 온라인 강의, 가상현실(VR), 증강현실(AR), AI 기반 학습 플랫폼 등 첨단 기술을 활용한 학습 방식이 점점 확대되고 있다.

  물론 이러한 디지털 학습 도구는 학생들에게 큰 도움이 될 수 있다. 하지만 AI 학습 도구와 온라인 강좌가 아무리 많아도 자기주도적으로 학습할 능력이 없다면 무용지물이다. 공부는 누군가 대신해줄 수 없는, 오롯이 자신의 주도와 노력으로 이루어지는 것이기 때문이다. 따라서 디지털 학습 시대에 학습의 주인이 되기 위해서는 자기주도학습 능력을 먼저 길러야 한다.

자기주도학습의 대전제와 실천 방법

  그렇다면 자기주도학습 능력은 어떻게 키울 수 있을까? 여기서 먼저 기억해야 할 것은 자기주도학습의 대전제는 '잘 읽고 쓸 수 있어야 한다'는 것이다.

  교과서를 제대로 읽지 못하고, 읽은 내용을 소화하여 표현할 수 없다면 자기주도학습은 불가능하다. '읽기'와 '쓰기'라는 기본기를 갖추지 못한 채 공부를 시작하면, 결국 얼마 지나지 않아 흥미를 잃게 된다. 당연히 원하는 성과도 낼 수 없다. 이 상태로 학년이 올라가면 공부에 대한 부담만 커지고, 결국 학습을 포기하는 상황까지 이를 수 있다.

  최근 다양한 디지털 학습 도구가 등장하면서, 이를 활용하면 공부를 잘할 수 있을 것이라 기대하는 학생도 많다. 그러나 디지털 학습 자료는 텍스트, 이

미지, 영상 등 다양한 형태로 제공되는데, 기본적인 읽기 능력이 부족한 학생들은 이를 해석하고 이해하는 데 어려움을 겪는다. 특히, 복잡한 개념이나 추상적인 내용을 담은 텍스트는 더욱 이해하기 힘들다.

반면, 교과서를 정확히 읽고 이해하는 능력이 있는 학생들은 디지털 수업에서도 능동적으로 참여할 수 있고, 제공되는 학습 자료를 효과적으로 활용할 수 있다.

따라서 자기주도학습을 위해서는 가장 먼저 '읽기 능력'을 길러야 한다. 이는 단순히 책을 많이 읽는다고 해결되는 문제가 아니다. 교과서는 개념 중심의 비문학 텍스트이기 때문에, 올바른 읽기 훈련이 반드시 필요하다.

어떻게 하면 자기주도학습을 잘할 수 있을까?

이런 상황 속에서 필자에게 가장 많이 하는 질문이 있다.

"어떻게 하면 자기주도학습을 잘할 수 있을까요?"

그럴 때마다 나는 교과서를 제대로 읽는 훈련부터 하라고 조언한다. 이것이 자기주도학습으로 가는 가장 확실한 지름길이기 때문이다.

학사 일정이 아무리 들쭉날쭉하더라도, 해당 학년과 학기에 배워야 할 내용은 교과서에 모두 담겨 있다. 따라서 읽기 훈련이 잘되어 있으면 교과서와 참고서만으로도 어지간한 내용은 혼자 공부할 수 있다. 그래도 모르는 것은 인터넷 강의나 선생님에게 질문하는 등의 방법으로 해결하면 된다.

이 책은 자기주도학습의 핵심 요소인 읽기, 쓰기, 공부법, 자기관리를 집중적으로 연습할 수 있도록 구성되었다.

파트 1 & 파트 2

자기주도학습의 핵심 원리와, 이를 실천하기 위한 마음 관리법을 다룬다. 자기주도학습을 지속하려면 자신의 마음을 관리하는 능력이 필수적이기 때문에, 이를 자세히 다루었다.

파트 3 & 파트 4

실천 중심의 구성으로, 실제로 자기주도학습법을 적용해볼 수 있도록 했다. 특히, 필자가 제안하는 읽기·쓰기 훈련법인 '3SR2E'를 실천하면, 짧은 시간 안에 자기주도학습의 기본을 체득할 수 있다.

책에 제시된 자기주도학습 실천 노트를 모두 작성한다면, 자기주도학습의 기본 훈련은 끝났다고 볼 수 있다. 이 과정을 통해 많은 학생이 공부의 어려움을 극복하고, 자기주도학습을 완전히 익혀 학습의 주인이 되기를 바란다.

정형권

CONTENTS

PART 1

자기주도학습의
핵심 원리

• • •

학습 도구와 환경이 다양해지면서 사람과 도구에 더 많이 의지하는 경향이 늘고 있지만, 결국 공부는 자기 힘으로 해야 한다는 사실에는 변함이 없다. 자기주도학습은 자기 주도로 의도적인 노력을 하는 공부다. 실력을 좌우하는 핵심은 혼자 연습하는 시간이다. 여기에 올바른 방향을 정하고 의도적으로 연습하면, 실력을 크게 향상시킬 수 있다.

자기주도학습 능력은
AI 시대의 필수 역량

자기주도학습 능력은 디지털 세상의 필수 역량

디지털 학습 도구는 학생들에게 필요한 정보와 맞춤형 학습 계획을 제공할 수 있다. 하지만 이런 학습 환경이 학생이 어떤 질문을 해야 할지, 어떤 부분을 더 깊이 탐구해야 할지 등을 결정해 주지는 않는다. 마치 좋은 요리 도구가 있어도 요리사가 요리법을 이해하고 창의적으로 응용해야 맛있는 음식을 만들 수 있는 것처럼, **디지털 도구를 활용하더라도 학생이 주도적으로 학습 목표를 설정하고, 목표에 도달하기 위한 계획을 실행해야 한다.**

또한 디지털 학습 도구는 학생이 지식을 습득하는 과정에서 도움을 줄 수 있지만, **그 지식을 완전히 '자기 것'으로 만들고 활용하는 것은 온전히 학생 자신의 몫이다.**

디지털 학습 환경이 제공하는 정보를 비판적으로 분석하고, 다양한 관점에서 생각하며, 스스로 문제를 해결하는 과정에서 자신의 진짜 실력이 만들어진다는 사실을 기억해야 한다. 디지털 환경은 훌륭한 학습 도구지만, 결국 학습의 주인공은 학생 자신이라는 것을 잊지 말아야 한다.

4차 산업혁명 시대에는 기술 변화의 속도가 매우 빠르다. 그렇기 때문에, 평생 학습을 통해 인간 고유의 능력을 개발하며 끊임없이 변화에 적응해야 한다. 디지털 도구에만 의존해서는 안 된다.

그러므로 **스스로 학습하고 새로운 것을 익히는 능력, 즉 자기주도학습 능력은 디지털 세상을 살아가는 데 필수적인 역량이다.** 자기주도학습 능력이 탄탄하면 어떤 환경에서도 문제를 해결하고 새로운 가치를 창출하는 인재로 성장할 수 있다.

그렇다면, 이렇게 중요한 자기주도학습이란 무엇이며, 어떻게 실천할 수 있을까?

자기주도학습은 '자기 주도의 의도적으로 계획된 학습'

스웨덴 출신의 심리학자인 안데르스 에릭슨이 주도한 베를린 음악대학의 바이올린 전공 학생들을 대상으로 한 연구 결과를 들여다보자. 연구자들은 연구에 참여한 학생들을 다음처럼 세 그룹으로 나누었다.

- 최우수 그룹: 세계적인 바이올린 독주자가 될 잠재력을 가진 학생들
- 우수 그룹: 평균 이상이지만 뛰어나지는 않은 학생들
- 양호 그룹: 평균 정도의 연주 실력을 갖춘 학생들

이들을 심층 인터뷰한 결과, 속한 집단과 관계없이 모든 학생이 실력 향상에 가장 중요한 요소로 "자기 주도의 혼자 하는 연습"을 꼽았다.

그렇다면 세 그룹 사이에는 어떤 주된 차이가 있었을까? 바로 '혼자 하는

연습에 쏟은 총 시간'이었다. 최우수 그룹은 18세가 되기까지 평균 7,410시간을 썼으며, 우수 그룹은 5,301시간, 양호 그룹은 3,420시간을 썼다.

하지만 단순히 연습 시간이 많다고 해서 실력이 향상되는 것은 아니었다. 연구팀은 학생들과의 심층 인터뷰를 통해 이들이 단순한 반복 연습이 아니라 **'의도적인 계획된 연습**(deliberate practice)**'**을 했음을 밝혀냈다. 즉, 연습 시간 동안의 집중력과 목표 설정 방식이 다르다는 점이 결정적인 실력 차이를 만들었던 것이다.

최고 수준이 되기 위해서는
단순한 연습이 아닌
'의도적인 계획된 연습
(deliberate practice)'을 해야 한다

안데르스 에릭슨

이제 이것을 우리의 공부에 적용해보자.

공부를 잘하기 위해서는 충분한 공부 시간이 필요하다. 하지만 집중력이 떨어진 상태에서 무작정 오래 공부하는 것은 효과적이지 않다. 그래서 에릭슨은 "의도적인 계획된 연습"이 중요하다고 강조했다. 그냥 열심히 훈련만 하는 것이 아니라, 목표와 의도를 가지고 학습해야 실력 향상으로 이어진다는 것이다.

하루 15분 실천으로 완성하는 자기주도학습

자기주도학습은 단순히 혼자 공부하는 것이 아니다. 목표를 정하고, 계획을 세우고, 집중해서 실천하는 것이 핵심이다.

디지털 시대에도 학습의 주인공은 결국 나 자신이다. 주어진 정보에 수동적으로 반응하는 것이 아니라, 스스로 학습을 이끌어 가는 것이 진정한 자기주도학습이다.

자기주도학습 포인트

자기주도학습이란 '자기 주도의 의도적으로 계획된 학습'이다. 실력을 좌우하는 핵심은 '혼자 연습하는 시간'이다. 거기에 올바른 방향을 설정하고 의도적인 연습을 한다면 실력을 크게 향상시킬 수 있다.

문해력, 자기주도학습의 핵심

디지털 학습 도구가 학습 격차를 심화시킬 수 있다

디지털 학습 도구의 활용이 늘어나면서 학습 격차가 더 커질 것이라는 우려가 나오고 있다. 그 주된 이유는 자기주도학습 능력의 차이 때문이다.

디지털 학습 환경에서는 학생 스스로 학습 목표를 설정하고 계획을 실행하는 자기주도학습 능력이 더욱 중요해진다. 하지만 아무리 좋은 목표와 계획이 있어도 학습을 진행할 수 있는 기본 능력이 부족하면 그것은 '그림의 떡'에 불과하다.

어떤 형태의 학습이든 기본적으로 '읽기' 능력이 가장 중요하다. 텍스트에 강해야 한다. **자기주도학습의 출발점은 '잘 읽을 수 있는 능력'이다.** 교과서와 참고서를 잘 읽는 훈련이 되어 있으면 공부가 재미있어지고, 깊이 있는 학습이 가능해진다. **읽기와 쓰기가 탄탄한 학생은 책만 있으면 웬만한 공부는 혼자서도 잘 해낼 수 있다. 그런데 거기다가 디지털 학습 환경이 더해진다면 공부에 날개를 다는 셈이 된다.** 따라서 공부의 기초 체력인 문해력(글을 읽고 이해하는 능력)을 기르는 데 집중해야 한다.

공부 격차를 만드는 것은 무엇인가

2019년 팬데믹 이후 온라인 수업이 확대되면서 학생들의 학습 격차가 더욱 심화되었다는 사실은 이미 널리 알려져 있다. 학습 격차가 벌어지는 가장 큰 이유는 '혼자 공부하는 능력의 차이' 때문이다.

디지털 도구를 활용한 학습이 많아질수록, 스스로 공부할 수 있는 능력이 있는 학생은 더 잘하게 되고, 그렇지 못한 학생은 점점 뒤처질 가능성이 크다. 혼자 공부하는 능력이 뛰어난 학생일수록 더 많은 지식을 흡수하고, 학습 능력도 빠르게 향상된다.

그렇다면 혼자서 공부하는 능력의 차이를 만드는 것은 무엇일까?

바로 '읽기 능력'이다. **'교과서를 읽고 제대로 이해하는가'가 모든 수업에 영향을 미친다.** 실시간 온라인 수업이든, 인터넷 강의든 텍스트를 얼마나 잘 이해하느냐가 학습의 핵심이다. 교과서를 읽고 내용을 절반도 이해하지 못하는 학생이라면 수업을 따라가기 어려울 뿐만 아니라, 수업이 끝나도 혼자 공부할 엄두를 내지 못할 것이다.

예를 들어, 영어 교과서에 모르는 단어가 너무 많고 읽는 것 자체가 어렵다면 수업 내용을 거의 이해하지 못할 가능성이 높다. 그렇게 몇 달이 지나면 결국 수업 자체를 포기하게 된다. 당연히 교과서 정도는 제대로 읽을 수 있는 능력이 있어야 어떤 형태의 수업이든 흥미를 갖고 참여할 수 있다.

문제는 그렇지 못한 학생의 비율이 높다는 것이다. 이러니 공부에서의 '부익부 빈익빈'은 자연스러운 현상일 수밖에 없다. 잘하는 학생은 기초가 튼튼하고 원리를 이해하고 있어 더 잘하게 되고, 그렇지 못한 학생은 기초가 약하고 개념 이해가 부족해 점점 더 뒤처지게 된다.

'교과서를 읽고 이해하는 능력'의 차이는 디지털 학습 환경에서도 학생들의 학습 능력에 큰 영향을 미친다. 디지털 학습 자료는 단순한 텍스트뿐 아니라 이미지, 영상, 멀티미디어 정보까지 포함되어 있어, 학생의 정보 처리 능력과 디지털 문해력이 점점 더 중요해지고 있다.

하지만 교과서 읽기 능력이 부족한 학생은 디지털 교과서나 온라인 학습 자료에서 제공되는 텍스트 정보를 제대로 이해하지 못해 학습에서 어려움을 겪고, 이는 결국 학습 격차와 부진으로 이어질 수 있다.

따라서 디지털 학습 환경에서 '문해력'은 핵심적인 요소이며, 교과서를 읽고 이해하는 능력은 여전히 모든 학습의 기초이자 출발점이 된다.

자기주도학습의 출발은 읽기다

너무 많은 학생이 교과서 내용을 소화하지 못하고 있다. 실제로 많은 학생이 "선생님, 교과서를 몇 번 읽어도 무슨 말인지 모르겠어요."라고 호소한다.

내가 학습 상담을 할 때 가장 눈여겨보는 것은 문해력이다. 교과서를 읽어보게 하면 학생의 학습 수준이 바로 드러난다.

텍스트 이해력이 부족하면 토론 학습이나 모둠 수업도 의미가 없다. 교과서 내용을 읽고 이해하는 것이 선행되지 않으면, 어떤 형태의 수업이든 효과적으로 참여하기 어렵다.

디지털 학습 환경은 잘 활용하기만 하면 자기주도적 학습 습관을 만들 수 있는 절호의 기회가 된다. 학습에 활용할 수 있는 도구가 엄청나게 늘어나, 이전보다 더 많은 정보를 흡수하고 융합하여 창의적으로 활용할 수 있게 되었다. 자기주도학습에 최적의 환경이 만들어진 것이다.

수동적인 학습자는 이러한 변화가 불편하고 적응하기 힘들 것이다.

AI 시대에는 자기주도학습에 더 강해져야 한다. 남에게 의지하는 습관을 버리고 자신의 힘으로 공부하는 습관을 만들어야 한다.

그 출발은 읽기다.

텍스트에 강해져야 한다. 특히 비문학 중심으로 구성된 교과서를 읽어내는 힘을 길러야 한다. 그러기 위해서는 교과서를 제대로 읽는 훈련이 필요하다. 책을 많이 읽거나, 독서를 좋아하는 학생 중에서도 읽기 훈련이 안 돼서 교과서 읽기를 힘들어하는 학생이 있다. 이런 학생은 교과서와 같은 비문학 책과 개념서를 읽는 방법을 따로 익히는 것이 필요하다.

교과서를 읽을 때는 '천천히 제대로 읽기'에 중점을 두어야 한다. 천천히 읽어야 내용을 정확히 이해할 수 있고, 자기 것으로 만들 수 있다.

문해력 향상을 위한 구체적인 읽기 방법은 PART 3의 '3SR2E(3번 천천히 읽고 2번 표현하기)'에서 자세하게 다룬다. 제대로 훈련할 수 있는 활동지가 준비되어 있으니 거기서 연습하면 된다.

> ## 자기주도학습 포인트
>
> 어떤 형태의 학습이든 읽기 능력이 가장 중요하다. 텍스트에 강해야 한다. 자기주도학습의 대전제는 '잘 읽을 수 있는 능력'이다. 교과서와 참고서를 제대로 읽는 훈련을 하면 공부가 재미있어지고, 깊이 있는 학습이 가능해진다.

꺼내보고 표현하는 공부

자기주도학습의 첫 단계는 '교과서를 읽고 이해하는 능력을 키우는 것'이다. 이제 그다음 단계, 배운 내용을 표현하는 공부에 대해 이야기해 보자.

표현할 때 공부가 완성된다

학습은 모르는 것을 아는 것으로 만드는 과정이다. 예를 들어, 혼자서 교과 내용을 공부했거나, 온라인 수업이나 대면 수업을 통해 새로운 것을 배웠다고 해보자. 그런데 과연 그 학생이 그것을 정확히 알고 있을까?

배운 것과 아는 것은 별개다. 한 선생님에게 100명의 학생이 같은 내용을 배워도, 시험 결과는 100점부터 최하 점수까지 다양하게 나온다. 아무리 훌륭한 강의라도 모든 학생이 100점을 맞을 수는 없다.

학생들은 흔히 수업을 40분 동안 들었다면 그 시간만큼 공부했다고 생각한다. 틀린 말은 아니다. 하지만 배운 내용을 직접 설명해보라고 하면 제대로 하지 못하는 경우가 많다.

그런데 시간을 조금 주고 생각하고 정리해보라고 한 다음, 다시 설명하도록 하면 이전보다는 훨씬 잘하는 것을 볼 수 있다. 생각하고 정리하면서 지식이 머릿속에 체계적으로 자리 잡은 것이다.

즉, 수업을 듣거나 책을 읽은 후, 생각하고 정리하는 시간을 가진 다음, 그것을 말과 글로 표현하면 공부한 내용이 그 사람의 지식으로 확고하게 자리 잡게 된다. 학생들은 공부한 내용을 표현해보는 것에 힘써야 한다. 말로 설명하거나 글로 적어보는 것이다. 이렇게 표현하는 공부를 할 때 비로소 배운 것이 자기 것이 된다. 하지만 많은 학생이 표현하는 공부는 하지 않고 새로운 것을 배우는 것에만 바쁘다.

공부는 단순히 지식을 입력하는 것이 아니라, 출력을 통해 확인하는 과정이 필수다. 배운 내용을 꺼내보고 점검하는 시간이 있어야 진짜 학습이 이루어진다.

'공부-공부 팀'과 '공부-꺼내보기 팀'의 대결

KBS 시사기획 프로그램에서 고등학생들을 대상으로 간단한 실험을 진행했다. 먼저, A반과 B반 학생들에게 한 장짜리 과학 지문을 7분 동안 외우도록 했다. 그 후 두 반은 각각 다른 방식으로 학습을 이어갔다.

A반: '공부-공부 팀'

1. 과학 지문을 7분 동안 외우기

2. 5분 쉬기

3. 같은 지문을 다시 7분 동안 외우기

B반: '공부-꺼내보기 팀'

1. 과학 지문을 7분 동안 외우기

2. 5분 쉬기

3. 배운 내용을 떠올려 종이에 써보기

그런 다음 5분 후, 두 반 모두 같은 시험을 치렀다. 어느 쪽 점수가 잘 나왔을까? 시험 결과, A반(공부-공부 팀)의 평균 점수는 61점, B반(공부-꺼내보기 팀)의 평균 점수는 55점이었다. 역시 두 번 공부한 것이 나은 것일까?

하지만 일주일 후, 다시 같은 시험을 보게 했다. 학생들은 일주일 뒤에 시험이 있을 줄 몰랐기 때문에, 미리 복습을 하지 않은 상태였다. 그런데 결과는 달라졌다. 일주일 사이에 점수가 역전된 것이다.

A반(공부-공부 팀): 61점 → 45점 (16점 하락)

B반(공부-꺼내보기 팀): 55점 → 53점 (거의 변동 없음)

A반 학생들은 단기기억에 머물러 있던 내용이 빠르게 사라졌고, B반 학생들은 기억에서 꺼내보는 과정을 통해 지식이 장기기억으로 저장된 것이다.

헨리 로디거

"배운 걸 기억에서 꺼내는
노력을 많이 할수록
장기 기억으로 더 잘 보낸다."

학자들은 배운 내용을 기억에서 꺼내는 연습을 자주 할수록, 학습 효과가 뛰어나다는 사실을 증명했다. 따라서, 학습 후 잠깐이라도 배운 내용을 정리하여 말로 설명하거나, 노트에 적어보는 습관을 들이면 학습 효과가 훨씬 높아진다.

자기주도학습 포인트

혼자 공부하든, 수업을 듣든 배운 내용을 반드시 출력하여 확인해야 한다. 새로운 것을 배우는 데만 시간을 써서는 안 된다. 배운 것을 꺼내보고 정리하는 과정이 필수다. 출력하는 연습을 많이 하면, 효과적인 공부 방법을 자연스럽게 익히게 된다.

'예습→수업→복습'의 흐름 만들기

예습을 하면 큰 그림을 그리며 수업에 참여할 수 있다

수업 시간은 학생들이 학습에 많은 시간을 할애하는 중요 영역이다. 따라서 수업을 어떻게 활용하느냐가 공부의 성패를 가른다. 그렇다면 효율적인 수업을 위해 가장 중요한 것은 무엇일까?

바로 예습이다.

수업에서 배울 내용을 미리 알고 가는 학생과 그렇지 않은 학생의 집중도와 이해력은 크게 차이 난다. 처음 접하는 내용을 오래 집중해서 들을 수 있는 학생은 거의 없다.

많은 학생이 수업에 집중하지 못하는 이유는 그날 배울 내용에 대한 사전 준비 없이 수업에 참여하기 때문이다. 이미 알고 있는 내용이 자주 나오면 모르는 부분에 집중할 수 있다. 하지만 모르는 내용이 너무 많으면 집중력이 흐트러지고, 수업을 따라가지 못하게 된다. 이런 경험이 반복되면 수업 자체가 지루하고 스트레스받는 시간이 되어버린다.

따라서 학생이 미리 공부해 간다면 수업 내용을 이해하기가 쉬울 뿐만 아니라, 설령 선생님의 설명이 지루하더라도 자신만의 방식으로 내용을 정리하며 소화할 수 있다.

예습하게 되면 전체 흐름을 파악한 상태에서 수업에 임하게 되므로 큰 그림을 그리며 학습할 수 있다. 하지만 그렇지 않은 학생은 전체 흐름을 모르므로 새로운 지식과 개념을 따라가기에 급급하게 된다.

예습은 수업을 최대한 활용하게 하고 복습을 쉽게 하도록 하여, 시간과 노력을 절약하게 해준다. 따라서 예습을 반드시 하고 수업에 참여하는 것이 좋다.

천천히 제대로 읽기로 예습하기

그렇다면 효과적인 예습 방법은 무엇일까?

수업시간 5분 전에 수업에서 다룰 내용을 한 번 훑어보는 것은 좋은 예습 방법이다. 이 방법은 짧은 시간의 집중으로 몰입도가 높고 효과도 상당히 좋다.

그런데 이 방법이 모든 학생에게 효과가 있을까? 훈련이 덜 된 학생은 수업 전 짧은 시간에 교과서를 훑어본다고 해도 내용을 파악하기가 쉽지 않다. 문해력이 부족한 학생은 더 어려울 것이다. 따라서 '수업 전 5분 예습'이 좋은 방법인 것은 맞지만 모두에게 맞는 방법은 아니다.

수업 전 5분 예습이 익숙하지 않은 학생은, 수업 하루나 이틀 전에 미리 교과서를 천천히 2~3회 반복해서 읽고 정리하는 예습 방법이 효과적이다.

수업에 집중하지 못하는 가장 큰 이유 중 하나는 모르는 내용이 너무 많기 때문이다. 한꺼번에 너무 많은 정보를 받아들이면 이해하는 데 한계가 생긴다.

그러므로 **천천히 제대로 읽기 방법을 활용해 교과서를 2~3번 정독한 후 수업에 임하면 집중이 잘 되고 이해가 잘 되면서 공부의 재미를 느끼게 될 것이다.**

인터넷 강의를 들을 때도 마찬가지다. 무작정 강의를 듣기보다는, 해당 내용을 미리 살펴보고 수업을 듣는 것이 효과적이다. 또 예습한 후 강의를 들으면 수업 중 자연스럽게 암기되는 부분이 많아진다.

예습-수업-복습, 자기주도학습자가 되는 지름길

예습을 하고 수업을 듣는 사람과 그렇지 않은 학생은 수업시간에 이미 격차가 상당히 벌어진다. 공부의 빈익빈 부익부를 결정하는 요소 중 하나가 예습이라는 것을 잊지 말아야 한다.

예습-수업-복습 흐름 만들기는 자기주도학습자가 되는 정석이요, 지름길이다.

- 예습으로 수업에 집중할 수 있고,
- 수업에 집중하면 복습하기가 쉬워지고,
- 복습을 잘하면 배운 내용이 완전히 자기 것이 된다.

이 흐름을 유지하는 것은 좋은 성적을 얻는 최고의 비결이다.

복습 방법은 여러 가지가 있지만, 가장 효과적인 것은 '수업 직후 복습'이다. 수업이 끝난 후 3분 동안 집중해서 배운 내용을 빈 노트에 적어보는 '3분 출력하기'를 하면 기억이 사라지는 것을 방지할 수 있다.

공부에서 여전히 중요한 것은 기억이다.

창의력과 융합 사고력이 강조되는 시대지만, 기본 지식이 없다면 창의적 사고도 어렵다. 기억하는 것이 있어야 다른 지식이 거기에 따라붙어 눈덩이를 굴리듯 키워나갈 수 있다.

기억을 위해서는 반복적인 복습이 필요하다. 한 번 복습으로 다 이해하고 기억하는 사람은 없다. 그러므로 복습 횟수를 늘려야 한다. 수업 직후의 복습, 방과 후의 복습 등, 최소 네 번 정도는 복습해야 자기 것이 된다. 에빙하우스 망각곡선으로 유명한 에빙하우스는 "장기 기억을 위해서는 10분 후, 1일 후, 1주일 후, 1달 후 복습이 꼭 필요하다"고 주장하였다.

에빙하우스

망각으로부터 기억을 지켜내기 위한
가장 효과적인 방법은 복습이다.
장기 기억을 위해서는
10분 후 복습, 1일 후 복습,
1주일 후 복습, 1달 후 복습이
꼭 필요하다.

반복 학습의 중요성을 이해하는 사람은 자기주도학습을 할 준비가 되어 있거나, 이미 자기주도학습을 실천하는 중인 사람이다.

복습을 잘해야 예습이 쉬워진다.

지난 수업 내용을 제대로 소화하지 못한 상태에서 다음 수업 내용을 미리 공부하는 것은 쉽지 않다. 복습이 잘 안되어 있으면 예습이 힘들어지고, 결국 예습을 포기하게 될 가능성이 크다.

하지만 **힘들더라도 '예습 → 수업 → 복습 → 복습 → 복습'의 황금 주기를 유**

지하다 보면, 어느 순간 공부의 궤도에 오른 자신을 발견하게 될 것이다.

복습은 '3SR2E(천천히 제대로 읽기)'를 활용해 배운 내용을 다시 읽고, 노트에 적어보는 '출력하기'를 병행하면 더욱 효과적이다.

자기주도학습 포인트

* '예습 → 수업 → 복습'의 황금 주기를 실천하라.
* 예습은 수업에 집중하게 하고, 수업에 집중하면 복습이 쉬워진다.
* 복습은 한 번으로 끝내지 말고, 네 번 이상 일정한 간격을 두고 진행한다.

완전학습의 중요성
공부량은 적게, 대신 끝까지 파고들기

모르는 것을 그냥 넘어가면 안 된다

공부를 어려워하는 학생의 원인을 추적해보면, 대부분 **'모르는 것을 그냥 넘어가는 습관'**에서 시작되는 것을 알 수 있다.

모르는 것이 쌓이면 점점 이해해야 할 내용이 많아지고, 결국 공부에 흥미를 잃게 된다. 따라서 공부할 때 모르는 것이 나오면 반드시 해결하고 넘어가야 한다.

학생은 공부의 주인이다. 그렇기 때문에 자신이 아는 것과 모르는 것을 정확하게 구별할 줄 알아야 한다. 모르는 것을 대충 아는 척하며 넘기지 말고, 제대로 알고 넘어가는 습관을 갖자.

그날 수업에서 배운 내용을 완전히 이해하는 것, 이것이 자기주도학습의 출발이다. 제대로 알고 이해하는 완전학습을 지향할 때 자기주도학습에 가까워질 수 있다. 개념을 정확하게 이해하고, 단어의 뜻을 제대로 알고 넘어가야 한다. 수학 문제를 푼다면 제대로 알고 풀었느냐가 중요하지, 답을 맞혔느냐가 중요한 것이 아니다.

공부에서 성과를 내려면 '개념 이해'에 집중해야 한다. 그러려면 우선 책(교과서)을 읽을 때 천천히, 꼼꼼하게 읽어야 한다. 빨리 읽으면 무슨 내용인지 이해하기 어렵고, 이해하지 못하면 기억을 잘할 수 없기 때문이다.

교과서는 대부분 비문학 중심으로 구성되어 있다. 중학교 이상의 교과서는 몇 줄만 읽어도 내용이 쉽지만은 않다는 것을 알 수 있다. 따라서 어려운 교과서를 제대로 소화하려면 천천히 여러 번 반복해서 읽어야 한다. 이 과정에서 모르는 단어나 개념이 나오면 사전을 찾아보거나 참고 자료를 활용해 확실히 이해하고 넘어가야 한다. 모르는 단어가 너무 많지 않다면, 흐름이 끊기지 않도록 단어의 뜻을 유추해가면서 그냥 계속 읽어나가는 것도 좋다.

공부량은 적게, 대신 끝까지 파고들어야 한다

퀴리 부인으로 잘 알려진 마리 퀴리는 딸 이레네가 어렸을 때 직접 가르쳤다. 물리 등 다양한 과목을 가르쳤는데, 어느 날 마리 퀴리는 딸에게 이런 얘기를 했다. "공부는 양을 적게 하되, 대신 끝까지 파고들어야 한다. 제대로 알지 못한 채 넘어가서는 절대 안 되는 거야." 제대로 공부를 쌓아간 이레네는 훗날 어머니 마리 퀴리를 이어 노벨상을 수상했다.

마리 퀴리

"공부는 양을 적게 하되,
대신 끝까지 파고들어야 한다.
제대로 알지 못한 채 넘어가서는 안 된다."

교과 내용을 잠깐 읽고 제대로 이해하지 않은 상태에서 문제부터 풀려고 하면 실수가 많아지고, 자꾸 틀리게 되면서 짜증이 나고 공부 의욕도 떨어진다. 따라서 교과서나 참고서를 여러 번 천천히 읽으며 '완전학습'을 목표로 해야 한다.

완전학습은 학습의 동기를 높여준다. 확실하게 알면 재미가 생긴다. 그러면 공부를 더 열심히 하게 된다. 완전학습 습관을 익히는 데 도움이 되는 좋은 방법이 '3SR2E(천천히 제대로 읽기)'이다. 책에 소개한 연습 노트를 활용해 반복 훈련하면 자연스럽게 완전학습 습관이 길러질 것이다.

이해가 안 되면 반복해서 듣거나,
문제를 여러 번 풀어보며
다양한 방식으로 사고하고 실패를 경험하며
완벽하게 익혀야 한다.

살만 칸

자기주도학습 포인트

- 그날 배운 내용을 확실히 아는 것이 자기주도학습의 출발이다.
- 완전학습을 실천하면 공부의 흥미가 높아지고, 성취감이 쌓인다.
- 완전학습 습관을 익히는 좋은 방법은 '3SR2E(천천히 제대로 읽기)'이다.

집중과 몰입

집중과 몰입이 학습 효과를 결정한다

공부가 재미있는 학생은 집중을 통한 몰입을 자주 경험한 학생이다. 공부 뿐만 아니라 다른 활동에서 깊이 집중해 본 경험이 있는 학생이라면 알 것이다. 몰입 상태에서 진정한 기쁨과 보람을 느낄 수 있다는 것을.

몰입은 고도의 집중 상태이며, 이때는 시간의 흐름을 인지하지 못한다. 가령, 공부를 조금 한 것 같은데 어느새 몇 시간이 흘러버려 놀란 경험이 있다면, 몰입을 경험한 것이다. **공부가 깊은 단계로 나아가려면 반드시 몰입을 경험하고, 이를 꾸준히 반복해야 한다.** 그전까지는 공부의 진정한 즐거움을 알았다고 말하기 어렵다.

뉴턴이 만유인력 법칙을 발견했을 때, 사람들은 어떻게 그런 위대한 발견을 할 수 있었느냐고 물었다. 뉴턴은 "내내 그 생각만 했으니까요"라고 답했다. 이것이 몰입의 전형적인 예다.

몰입에 들어가기 위해서는 집중이 필요하다. **어떤 문제를 해결하려면, 생각의 끈을 놓지 않고 계속해서 궁리해야 한다.** 하루 만에 해결할 수도 있고 며칠이

걸릴 수도 있다. 이런 과정을 반복하면서 생각하는 힘이 길러지고, 더 어려운 문제를 해결할 능력이 생긴다.

고양이가 쥐를 잡기 위해 달리는 모습을 상상해보자. 고양이는 쥐를 잡기 위해 온 힘을 다하고, 쥐는 도망치기 위해 온 힘을 다한다. 고양이와 쥐는 고도의 집중 상태에 있는 것이다. 이렇게 하나의 목표에 온전히 집중하면 몰입 상태에 빠지게 된다.

이런 몰입 상태에서 자기 능력의 최대치가 나온다. 뉴턴이 생각을 거듭하는 고도의 집중을 통해 만유인력 법칙을 발견한 것도 같은 이치다.

평소 집중해서 공부하는 습관이 없다면, 시간만 흐르고 학습 효율은 오르지 않는다. 결과적으로 성적은 낮아지고, 공부는 점점 재미없어진다.

큰 목표를 작은 목표로 나누면 집중력이 향상된다

10분 동안 생각했어도 수학 문제를 풀지 못했다고 하자. 이때 답을 바로 확인하거나 선생님이나 친구에게 묻지 않고, 10분 더 집중해서 생각하는 시간을 갖는다면 어떻게 될까? 그래도 안 풀리면 10분 더 해보는 것이다. 그러다 보면 결국 혼자 힘으로 문제를 풀 수 있게 되고, 수학 문제 해결 능력 역시 확연하게 증대된다. 생각하는 시간의 한계도 20분, 30분으로 더 늘어나면서 더욱 깊은 사고를 할 수 있는 능력이 길러진다.

어려운 문제를 만났을 때 조금 여유를 갖고 생각하는 시간을 갖는 것이 중요하다. 그렇게 하다 보면 어느 순간 느닷없이 문제의 해결책이 떠오르는 체험을 하게 될 것이다.

다른 과목도 마찬가지다. 하루에 주제 하나를 정해 메모지에 적어 가지고 다니면서 **생각하는 훈련을 해보자. 암기나 이해 능력이 향상될 뿐만 아니라 집중력과 문제 해결 능력 등 공부에 필요한 요소들이 총체적으로 개발될 것이다.**

공자

배우고 생각하지 않으면
눈먼 장님과 같다.

공부 목표 설정도 집중력을 높이는 데 도움이 된다. 그날의 공부 목표를 구체적으로 정하고, 어떻게 공부할 것인지 과정을 상상해보자.

예를 들어 '오늘 영어 1~3과를 모두 공부해야 해'라고 단순하게 목표를 세우는 것보다 '일단 5시 반까지는 2과까지 공부하고 잠깐 휴식을 취한 후, 6시부터 3과를 공부해야지'처럼 목표를 나누어 계획을 세우는 것이 더 효과적이다. **이렇게 하면 압박감이 줄어들고, 학습 과정이 보다 구체적이며 실천 가능하게 변한다.** 큰 목표를 작은 목표로 나누면 공부 의지가 더욱 강해지고, 목표를 향한 집중력도 더욱 높아진다.

자기주도학습 포인트

공부가 깊은 단계로 나아가기 위해서는 반드시 몰입을 경험하고, 이를 꾸준하게 반복해야 한다. 공부는 대부분 생각을 통해 이뤄진다. 생각하는 힘을 기르는 것이 공부 능력을 키우는 길이다. 각자 수준과 능력에 맞게 규칙적으로 꾸준히 생각하는 시간을 갖는 것이 중요하다.

자기주도학습의 핵심 원리

방학 자기주도 공부법

지방 교육지원청에서 중학생을 대상으로 책쓰기 프로그램을 진행한 적이 있다. 그 수업에서 주제를 정하지 않고, 각자 자신이 쓰고 싶은 이야기를 마음대로 쓰도록 했다. 대부분 열심히 자신의 이야기를 써 내려갔지만, 우현이는 심각한 표정으로 한숨을 쉬며 앉아 있었다.

나는 우현이에게 다가가서 무슨 문제가 있는지 물었다. 그랬더니 "선생님, 전 쓸 게 없어요"라는 것이다.

나는 우현이와 이런저런 얘기를 나누다가 이렇게 물었다.

"우현아, 중학생이 되니 공부가 어때? 성적은 괜찮아?"

그러자 우현이는 웃으며 말했다.

"첫 시험에서 국어 40점을 맞았어요."

국어가 40점이라면 다른 과목도 비슷할 것 같았다. 그래서 다시 물었다.

"왜 그렇게 성적이 안 좋았지? 이유를 알고 있어?"

우현이는 진지한 표정으로 대답했다.

"네, 제가 초등학교 때 책을 많이 안 읽어서 어휘력과 배경지식이 부족했어요. 그래서 공부를 못했어요."

마치 모범 답안을 이미 알고 있다는 듯 여유 있는 답변이었다.

"그래, 그럼 지금은 어때?"

"지금은 잘해요. 잘하고 있어요."

힘들다는 대답이 나올 줄 알았는데, 의외였다. 호기심이 생겼다.

"그래? 무슨 계기가 있었을 것 같은데?"

"네, 계기가 있었어요. 1학기 기말고사가 끝난 후 국어 선생님께서 책을 빌려 오라고 하셨어요. 시험도 끝났으니 방학 전까지 수업 시간에 책을 읽을 계획이라고 하시면서요. 그래서 친구들과 도서실에 가서 아무 책이나 빌려왔어요. 사실 제목도 잘 안 보고 빌렸어요. 저는 원래 책 읽는 걸 좋아하지 않았거든요. 초등학교 때도 책을 별로 안 봤어요. 그런데 친구들과 함께 수업시간에 책을 읽다 보니 집중이 잘됐어요. 《그림자 아이들》이라는 책이었는데, 내용이 재미있고 인상적이었어요. 그래서 수업이 끝난 후에도 계속 읽었고, 쉬는 시간까지 읽다가 그날 책을 다 읽었어요."

"와우, 대단한데! 그래서 책을 계속 읽게 된 거야?"

"네, 책을 다 읽고 나서 그 책이 시리즈였던 걸 알게 됐어요. 총 7권짜리더라고요."

"그래서 어떻게 했어?"

"1권을 다 읽었더니 2권이 궁금해졌어요. 그래서 남은 책도 빌려서 다 읽었어요. 그렇게 방학이 시작될 때까지 7권을 다 읽었어요."

국어 교과서를 8번 읽으며 '천천히 제대로 읽기'를 체험한 우현이

"방학 때는 어떻게 했어? 책을 더 읽었어?"

"처음엔 더 읽으려고 했는데, 집에 책이 하나도 없는 거예요. 그제야 '아, 우리 집엔 정말 책이 없구나'라는 걸 깨달았죠. 그래서 다른 방법을 찾았어요. 1학기 국어 교과서를 읽기로 했어요."

"오, 좋은 선택이었네. 그런데 교과서 읽기가 쉽지는 않았을 텐데?"

"네, 정말 그랬어요. 분명히 1학기 때 배운 내용인데 다 처음 보는 것처럼 느껴졌어요. 내용도 어렵고, 동화책 보는 거랑은 많이 달랐어요. 읽는 속도도 느렸고, 15분 정도만 읽어도 머리가 아파서 더 이상 못 읽겠더라고요."

"그럴 땐 어떻게 했어? 머리가 아파서 읽기 힘들 때."

"그냥 쉬었어요. 머리가 아프면 놀다가 편안해지면 다시 읽었어요. 교과서도 재밌더라고요. 그렇게 하다 보니 한 번에 읽는 시간이 점점 길어졌어요. 20분 정도 읽으면 또 힘들어지고, 그러면 쉬었다가 다시 읽고. 그런 식으로 계속 반복하다 보니 결국 교과서를 다 읽었어요."

"국어 교과서를 다 읽고 나서는 다른 책을 봤나?"

"딱히 읽을 책이 없어서 그냥 국어책을 한 번 더 읽었어요. 그런데 한 번 더 읽어도 재미가 있더라고요. '아, 책은 이렇게 두 번 읽어도 재미가 있구나'라고 생각했죠. 그래서 그렇게 읽다 보니 한 번 더 읽게 되고, 또 읽게 되고, 결국 여덟 번을 읽었어요."

"그렇게 여러 번 읽으면 기억도 잘 났겠네."

"네, 기억도 잘 나고 이해도 더 잘 됐어요. 사실 저는 국어를 포기했었거든요. 그런데 2학기부터는 방학 때 했던 방법대로 교과서를 반복해서 읽었어요. 그랬더니 점수가 점점 올랐고, 기말고사에서는 90점이 넘었어요. 공부에 대한 자신감도 생겼고, 다른 과목도 같은 방식으로 공부했어요."

 우현이는 우연한 기회에 방학 동안 국어 교과서를 여덟 번 읽으며 '천천히 제대로 읽기'의 효과를 직접 체험하고, 공부 방법까지 알아버린 것이다. 우현이가 알아낸 공부법은 이미 널리 알려진 것이다. 하지만 자기가 직접 체험하기 전까지는 그 사람의 것은 아니다.

 많은 학생이 반복 학습과 예습, 복습의 중요성을 알고 있지만, 그것을 실천하는 경우는 드물다. 직접 경험해보지 않으면 그 효과를 체감할 수 없기 때문이다.

방학은 자기주도학습 능력을 개발하기에 좋은 시기

 방학은 자기주도학습 능력을 개발하기에 좋은 시기다. '천천히 제대로 읽기(3SR2E)' 방법으로 지난 학기를 복습하거나 다음 학기를 예습하면 학습 효과를 분명히 경험할 수 있다.

 앞서 소개한 학생처럼 실력이 부족한 경우라면, 지난 학기의 교과서를 여러 번 천천히 읽기를 권한다. 한 번 배운 내용이므로 다음 학기 내용을 예습하는 것보다는 어렵지 않을 것이다. 반복해서 읽다 보면 자연스럽게 공부 방법을 터득하게 되고, 그러면 공부가 훨씬 쉬워지며 재미도 느낄 수 있다.

 방학 동안 혼자 공부하는 법을 익히면 집중력이 높아져 시간에 쫓기지 않고 효율적으로 공부할 수 있다. 그러면 학기 중에도 수업에 주도적으로 참여하며 공부 재미에 흠뻑 빠지게 될 것이다.

자기주도학습 포인트

* 방학은 자기주도학습 능력을 키우기에 좋은 시기다.
* 방학은 '천천히 제대로 읽기(3SR2E)' 방법으로 교과서나 참고서로 지난 학기를 복습하거나 다음 학기를 예습하기 좋다.

PART 2

자기주도학습, 멘탈 관리가 먼저다

· · ·

공부를 꾸준히 잘해 나가려면 멘탈 관리가 중요하다. 적절한 휴식과 마음의 충전이 반드시 필요하다.

파트 2에서는 정신과 마음을 관리하는 방법을 배우고 실천한다. 이 책의 구성상, 파트 3을 먼저 진행한 후 파트 2를 다루거나, 파트 2와 파트 3을 병행하면서 훈련해도 문제없다.

목표
명확한 목표는 흔들림을 멈추게 한다

"내가 가고 싶은 길을 정확히 알고 있었고, 그 길을 가는 데 집중했다. 목표를 이루고 나면 곧바로 다음 목표를 세웠다. 목표에 집중하는 동안에는 나는 어떤 것도 두렵지 않았다."

— 마이클 조던(농구 선수)

성공한 사람들의 공통된 특징

어떤 일에 몰입하기 위해서는 목표가 명확해야 한다. 바둑이나 장기, 체스를 둘 때 몰입이 잘되는 이유는 승리라는 분명한 목표가 있고, 규칙이 단순하며, 진행 상황을 바로바로 파악할 수 있기 때문이다. 목표가 명확하면 방향이 뚜렷해지고, 불필요한 고민 없이 집중할 수 있다.

유명한 동기부여가 브라이언 트레이시는 자신의 책에서 "목표를 설정하고 그것을 성취하기 위한 계획을 세우는 능력이 바로 '성공의 핵심 기술'"이라고 말했다. 또한, 다양한 연구들도 **"강렬한 목표를 가지고 그것을 향해 뛰는 것이 성공한 사람들의 공통된 특징"**임을 보여주고 있다.

목표가 명확하지 않으면,
명확하지 않은 결과가 나온다

성공학의 거장 나폴레온 힐은 자신의 철학을 정리하고 집대성하는 데 20년 이상의 시간을 보냈다. 그는 이 과정에서 2만 명이 넘는 사람을 분석하고 연구했다. 이 연구에서 한 가지 눈길을 끄는 통계 자료가 있다.

2만 명 중 5%만이 성공한 사람들로 분류되었으며, 나머지 95%는 성공하지 못한 사람들로 분류되었다. 이들 성공하지 못한 95%의 사람들에게는 공통점이 있었는데, 바로 '명확한 목표가 없었다'는 것이다. 반면, 성공한 5%의 사람들은 명확한 목표와 그에 따른 명확한 계획을 가지고 있었다. 또한, 이들은 저축하는 습관이 있었지만, 95%의 사람들은 그렇지 않았다.

이 연구는 중요한 사실을 시사한다. **'성공하는 사람들은 명확한 목표와 그 목표를 이루기 위한 구체적인 계획이 있으며, 목표 달성을 위해 저축하는 등 준비하는 데 집중한다'**는 것이다.

목표는 '명확'해야 한다. 많은 사람에게 목표가 무엇이냐고 물어보면 "부자가 되고 싶다"거나 "경제적 자유를 갖고 싶다"고 대답한다. 하지만 이런 대답이 명확한 목표라고 할 수 있을까?

학생들은 "공부를 잘하고 싶다"거나 "좋은 성적을 받고 싶다"는 것을 목표로 얘기하는 경우가 많다. 이것들이 제대로 된 목표라고 말할 수 있을까?

이 질문에 대한 답은 '그 목표가 명확한가?'라는 기준으로 판단할 수 있다. **목표가 명확하지 않으면, 결과 역시 불명확할 수밖에 없다. "공부를 잘하고 싶다"거나 "부자가 되고 싶다"는 것은 막연한 바람에 불과하다. 목표를 세울 때는 반드시 '구체적이고 명확하게' 세워야 한다.**

만약 '막연한 바람'을 목표라고 착각하고 살아간다면, 과녁 없이 화살을 쏘는 것과 다름없어, 힘과 에너지를 낭비하는 꼴이 될 것이다.

목표를 정하고 실천하는 방법

목표를 정할 때는 신중하게 생각해야 한다. 그리고 한 번 정한 목표는 자주 보며 잊어버리지 않도록 종이에 써서 책상 앞이나 눈에 띄는 곳에 붙여 두거나, 가지고 다니면서 필요할 때마다 확인하는 것이 좋다.

목표를 정할 때 구체적인 수치와 마감 기한을 포함해야 한다. "좋은 성적을 받고 싶다"라는 불명확한 목표 대신, "이번 학기 중간고사에서 수학 90점을 받겠다. 평일에는 집에서 1시간 이상 수학 공부를 하겠다"처럼 목표가 구체적이어야 한다.

이렇게 하면 목표가 머릿속에 깊이 자리 잡아 자연스럽게 행동을 바꿀 수 있다. 명확한 목표는 삶의 방향을 결정해 준다. 그리고 그 목표에 집중하는 순간, 더 이상 흔들리지 않고 앞으로 나아갈 수 있다.

목표 세우기

1 10년~20년 후 도달하고 싶은 삶의 목표는?

　* 10년 후 내가 갖추고 싶은 삶의 모습은?

　* 20년 후 내가 갖추고 싶은 삶의 모습은?

2 학습과 진로에서 올해 꼭 이루고 싶은 나의 명확한 목표는?

　* 학습:

　* 진로:

3 이번 학기에 달성하고 싶은 공부목표는?
　(과목별로 최대한 구체적으로 적는다)

4 위의 2, 3번을 이루기 위해 내가 평소에 자주 실천하고 반복해야 할 중요한 일은?

　①
　②
　③
　④
　⑤

자기주도학습, 멘탈 관리가 먼저다

현재에 집중하기
후회 없는 인생을 위하여

"아이들은 자신이 언젠가 죽는다는 생각을 하지 않아요. 나도 네 살 때까지는 그랬지요. 그런데 어느 날 어머니와 함께 길을 가다가 그 생각이 틀렸다는 걸 깨달았어요. 나는 울기 시작했습니다. 내가 언젠가 죽을 거라는 사실을 깨달았던 거죠. 그때 이후로 나는 늘 좀 더 젊어지려고 노력했습니다."

— 에어디시(수학자)

죽음 앞에서 삶의 의미를 깨달은 도스토옙스키

1849년 12월 22일 새벽, 28세의 도스토옙스키는 러시아 세묘노프 광장의 사형대 위에 서 있었다. 반체제 혐의로 기소된 그는 낡은 체제를 부수기 위해 독서 모임에 가입하고, 사회 개혁 운동에 가담했다.

그는 장래가 촉망받는 젊은 작가였다. 24세에 발표한 첫 작품 《가난한 사람들》은 평론가들에게 호평을 받았다. 하지만 농민반란을 기획하고, 정교회와 통치 권력을 비판하는 편지를 유포했으며, 조직적으로 정부에 반대하는 서적을 배포했다는 혐의로 모든 권리를 박탈당하고, 8년간의 요새 유형형을 선고받았다.

그는 감옥에서 지내다가 12월 22일, 세묘노프 연병장의 사형대로 끌려 나왔다. 연병장에는 죄수들을 묶어 세우기 위한 말뚝이 박혀 있었고, 총을 든 병사들이 일렬로 도열해 있었다. 죄수들이 두 줄로 정렬하자, 집행관이 사형 선고문을 읽었다.

도스토옙스키는 자신의 귀를 의심했다. '사형이라니?' 죄수들의 얼굴이 두건으로 가려졌고, 병사들이 총을 겨눴다. "철컥." 탄환이 장전되는 소리가 귓가를 울리며 심장까지 파고들었다. 순간, 어릴 적부터 그를 괴롭히던 발작 증상이 엄습했다. 사형 집행이 잠시 중단되었다.

그때였다.

"멈추시오! 형 집행을 중단하시오!"

한 병사가 흰 수건을 흔들며 형장으로 달려왔다. 사격 중지를 알리는 신호였다. 도스토옙스키는 죽음의 낭떠러지에서 가까스로 벗어나게 된 것이다.

"죄인들은 사형을 당해야 마땅하나, 황제 폐하께서 한없는 너그러움으로 특별히 사면하셨다. 사형 대신 유배를 보내라는 명령이시다."

사실 이것은 황제가 반역을 주도한 자들에게 공포심을 심어주기 위해 계획한 연극이었다. 그러나 도스토옙스키에게 이 사건은 결코 잊을 수 없는 순간이었다. 그는 죽음 앞에서 삶의 가치를 새롭게 깨달았다.

그날 밤, 그는 형에게 편지를 썼다.

"형, 나는 기운을 잃지도, 정신을 잃지도 않았습니다. 어느 곳에서든 삶은 삶이고, 삶의 의미는 우리 자신 안에 있는 것이지 결코 외부에 있는 것이 아니라는 것을 깨달았습니다. 어떤 재난이 닥치더라도 의기소침하지 않고 흔들리지 않는

자기주도학습, 멘탈 관리가 먼저다

것, 그것이 인생이고 바로 거기에 인생의 과제가 있는 것이 아니겠습니까? 나는 이를 뼛속 깊이 깨달았습니다. (중략) 지금 이 순간, 나는 과거에 만났던 모든 사람을 기꺼이 사랑하고 포용할 수 있을 것 같습니다. 오늘 죽음과 맞닥뜨리고 소중한 사람들에게 작별을 고할 때가 되어서야 그런 사실을 깨달았습니다. 과거를 돌아보면, 아무런 가치도 없는 일에 얼마나 많은 시간을 허비했는지요. (중략) 삶은 행복입니다. 매 순간이 행복의 시간이 될 수 있습니다."

사형을 면제받은 도스토옙스키는 성탄절 밤, 쇠사슬에 묶인 채 시베리아 옴스크 유형지로 이송됐다. 그러나 그곳에서 보낸 4년의 유배 생활은 그의 인생에서 가장 값진 시간이 되었다.

몇 달 전까지만 해도 그는 모든 것에 불만을 품고 근심하며 방황했다. 그러나 시베리아에서의 삶은 그를 변화시켰다.

혹한 속에서 무려 5kg의 족쇄를 찬 채 지내면서도 그는 창작 활동에 몰두했다. 글쓰기가 허락되지 않았기에 종이 대신 머릿속으로 소설을 쓰기 시작했고, 그것들을 외워버리기까지 했다.

유배 생활을 마치고 세상 밖으로 나온 도스토옙스키는 '인생은 5분의 연속이다'라는 각오로 글쓰기에 몰두했다. 그는 1881년 눈을 감을 때까지 수많은 불후의 명작을 발표했다.

현재를 살아야 하는 이유

누구에게나 이 세상에서 허락된 시간이 있다. 그 시간이 지나면 미련 없이 세상과 작별하여야 한다. 그렇기에 우리는 하루하루 주어진 소중한 시간을 아낌없이, 후회 없이 사용해야 한다.

죽음을 전혀 의식하지 않는다면, 삶 역시 진지하지 않게 된다. 자신의 삶을 의무감으로만 살아가는 사람에게는 진정한 보람과 행복이 따를 수 없다.

죽음을 의식한 삶과 그렇지 않은 삶은 완전히 다르다. 죽음을 의식하게 되면 매 순간이 소중해지고, 본질을 바라볼 수 있게 된다. 또한, 현재의 삶에 감사할 줄 알게 된다. 살아있다는 것 자체가 하나의 기적임을 깨닫게 되는 것이다.

유한한 인생에서 최선을 다하는 행위들은 모두가 다 공부다. 몰입하는 것이야말로 삶을 충실히 살아가는 방법이다. 공부가 힘들거나 나태해지는 자신을 발견할 때, 우리는 스스로에게 질문해야 한다.

"오늘도 한정된 시간을 소비하고 있는데, 나는 정말 가치 있게 살고 있는가?"
"가치 있게 살기 위해 나는 지금 무엇을 해야 하는가?"

이 질문에 대한 답을 찾으며 살아가는 것이, 후회 없는 인생을 만드는 길이다.

후회하지 않는 삶 & 최선을 다하는 삶

마지막 순간에 후회하지 않는 삶이 되려면 오늘 최선을 다하는 삶을 살아야 한다.
후회하지 않는 삶을 위해 나는 무엇을 추구하며 살아야 할까?
최선을 다하는 삶을 위해 내가 날마다 실천해야 할 것을 적어보자.

예1) 시간을 낭비하지 않기 위해 시간 계획을 잘 세우고 점검한다.

1

2

3

4

5

6

7

몰입
공부에 흠뻑 빠지는 법

"연주 무대 위에 딱 서면 가장 중요한 게 저한테는 저 자신을 잊어버리는 것이죠. '나'라는 존재를 잊어버려야 좋은 연주가 가능한 것 같아요. 음악에만 집중하는 거죠. 연주할 때 제 손이 뭘 하는지도 몰라요. 그리고 알고 싶지도 않아요. 왜냐하면 내 손이 뭘 하는지 생각을 하는 순간에 음악하고 하나가 되는 그 연결 끈을 놓쳐요. 수많은 청중 앞에서 계속 떠올리는 것은 나 자신이 음악이 나오는 통로라는 것이죠."

─장한나(첼리스트, 지휘자)

몰입은 최고의 나를 만든다

몰입은 생각의 완급을 조절하며 앞으로 나아가는 창조적 과정이다. 몰입은 집착과는 다르며, 걱정이나 불안 같은 부정적인 감정에 빠지는 것이 아니다. 몰입은 긍정의 마음을 바탕으로 생각을 조절하고 지속하며, 문제에 대한 해답을 찾아가는 '생각의 마라톤'이라 할 수 있다.

마라톤은 장거리 경기다. 100미터 달리기처럼 짧은 시간에 승부가 나지 않

자기주도학습, 멘탈 관리가 먼저다

는다. **자기를 제대로 알고 관찰하며, 자기에게 맞는 방법을 찾아 일정 기간 꾸준히 연습한다면 누구라도 몰입을 체험하고 '최고의 나'를 만날 수 있다.**

아이스링크 위에서 우아하고 편안한 모습으로 연기하는 김연아 선수를 보고 있다면, '김연아 선수는 무대와 음악과 완전히 하나가 되었구나'라는 느낌을 받을 것이다. 바로 몰입의 순간이다. 그 짧은 몇 분의 연기를 위해 얼마나 많은 시간을 연습하고 아파했을까? 얼마나 고민하고 연구하고 개발했을까? '최고의 선수'는 수많은 시간 동안 몰입한 결과라는 것을 우리는 알고 있다.

누구나 최고의 나를 꿈꾼다. 하지만 '최고의 나'를 아직 한 번도 만나 보지 못했을 수도, 또 자칫하다가는 한 번도 만나보지 못한 채 생을 마감할 수도 있다. 그를 깨우는 마법의 주문이 있다면 한번 외워보고도 싶을 것이다. 하지만 그런 건 없다. 만약 그런 방법이 있다면 김연아 선수가 수만 시간의 훈련을 그렇게 고통스럽게 해내지는 않았을 것이다.

방법이 있다면 오직 하나, '몰입'하는 것이다

'최고의 나'를 만나는 방법이 있다면 오직 하나, '몰입'하는 것이다. 집중에 집중을 더하여 나를 잊고 '최고의 나'와 함께하는 시간이다. '최고의 나'는 나의 잠재력이 극대화되어 나타난, 평소의 나와는 다른 차원의 존재다. 평소의 나와는 다른 차원의 집중력과 에너지가 발휘되는, 특별한 상태다.

인간은 무한한 가능성을 가진 존재이다. **세상에는 아직도 발견되지 않은 미개척지가 많듯이, 우리 안에도 발견되지 않아 발휘되지 못한 많은 영역이 숨어**

하루 15분 실천으로 완성하는 자기주도학습

있다. 보석 같은 가치들이 내 안에 담겨 있지만, 우리가 흔들어 깨우지 않는다면 영원히 잠든 채 깨어나지 못할 것이다.

몰입은 나를 찾아 떠나는 여행이다. 그 여행은 반짝반짝 빛나는 나를 만나게 할 것이고, 감격의 순간을 맞이하게 할 것이다.

공부할 때 몰입할 수 있다면, 정보를 수집하고, 정리하고, 이해하고, 암기하는 능력은 급격히 향상된다. 몰입 없는 공부는 의무감과 쫓기는 마음, 남과 성적을 비교하는 데서 오는 불안감 등으로 공부의 참맛을 느낄 수 없게 한다. 그래서 먼저 점검해야 한다.

나는 집중하며 공부하고 있는가?
나는 몰입하며 공부하고 있는가?

몰입은 공부에 대한 재미와 흥미를 높이고, 결국 자연스럽게 성적 향상으로 이어진다. 몰입의 순간, 공부는 피곤하고 고된 일이 아니라, 새로운 가치를 발견하는 시간이 된다. 단 한 번이라도 체험하게 된다면 공부의 달인이 되는 길도 멀지 않다.

몰입 노트

생각할 과제

예1) AI가 일반화되면 직업 세계에는 어떤 변화가 일어날까?
예2) 물질과 문명이 발전하는데, 왜 빈부 격차는 오히려 더 커질까?

1

2

3

과제에 대한 나의 생각

1

2

3

4

5

6

7

하루 15분 실천으로 완성하는 자기주도학습

관점 바꾸기
실패를 다르게 바라보기

"좌절이나 역경은 그것을 배움의 기회로 여기는 사람에게는 실패가 아니다. 사실, 모든 패배와 좌절에는 위대하고 영구적인 교훈이 담겨 있다. 그리고 그 교훈은 패배를 경험하지 않고서는 결코 얻을 수 없는 것이다."

― 나폴레온 힐(성공 철학의 거장)

감옥을 성장의 장소로 만든 만델라

넬슨 만델라는 시련을 이겨내고 자신의 영혼을 자유롭게 만들었기에 남아프리카공화국의 대통령이 될 수 있었다.

1990년 2월 11일, 그가 28년 만에 감옥에서 출옥하던 날, 전 세계의 이목이 집중됐다. 다들 인생의 3분의 1을 감옥에서 보낸 그의 건강 상태를 걱정했다.

'과연 72세의 그가 건강한 모습으로 감옥 문을 나설 수 있을까?'

'28년간 억울한 옥살이를 했으니, 분노와 스트레스로 쇠약해지지는 않았을까?'

자기주도학습, 멘탈 관리가 먼저다

'휠체어나 구급차에 실려 나오지는 않을까?'

그러나 그런 세상의 우려와는 달리, 만델라는 환한 미소를 띠고 출옥을 환영하는 사람들에게 인사했다. 사람들은 다들 놀랐고, 그를 기다리던 기자가 놀란 듯 질문했다.

"다른 사람들은 5년만 감옥살이를 해도 건강을 잃는데, 어떻게 28년 동안 옥살이를 하고도 이렇게 건강하신가요?"

만델라는 웃으며 대답했다.

"저는 교도소에서 언제나 하느님께 감사했습니다.
하늘을 보고 감사하고,
땅을 보고 감사하고,
물을 마시며 감사하고,
음식을 먹으며 감사하고,
강제 노동을 할 때도 감사했습니다.
늘 감사했기 때문에 건강을 지킬 수 있었습니다.
제게 있어 교도소는 저주의 장소가 아니라
성장을 위한 소중한 장소였습니다."

만델라는 감옥 안에서도 성장을 멈추지 않았다. 그는 교도소 마당 한구석에 작은 채소밭을 가꾸게 해달라고 부탁했고, 허락을 받았다. 양파를 비롯한 다양한 채소를 심고, 묘목을 구해 나무도 심었다. 새싹이 돋고 꽃이 피는 과정을 보며 위안을 얻었다.

한번은 실수로 묘목이 죽었을 때, 그는 그것을 캐내어 물로 씻고, 정원의 한구석에 조용히 묻어주었다. 그 모습에서 그는 자신의 인생을 보았다.

운동도 게을리하지 않았다. 매일 권투 연습과 유산소 운동을 했다. 제자리 뛰기 45분, 손가락 짚고 팔굽혀펴기 200회, 윗몸 일으키기 100회, 허리 굽히기 50회 등을 매일 실천했다.

만델라가 감옥을 고통의 장소가 아니라 자신의 성장을 위한 장소로 바라보고 감사한 마음을 갖자, 그의 마음은 편안해졌고 감옥 안에서 할 수 있는 많은 것들을 발견했다. 그는 수감생활 내내 감사의 마음을 생활화했다. 그가 원망과 분노로 하루하루를 보냈다면 병이 들거나 건강을 유지할 수 없었을 것이다. 석방 전에 죽음을 맞이했을지도 모른다. 하지만 그는 감사로써 마음의 평화와 자유를 누릴 수 있었다. 출옥한 후에도 그 마음을 유지하고 실천하려고 노력했다.

고난을 어떤 관점으로 바라볼 것인가

1946년, 미국 하버드대학교에서는 학생들에게 자신이 겪은 어려움에 대한 글을 작성하는 과제를 부여했다.

연구진은 학생들이 자신의 고난을 어떤 관점에서 바라보고 설명하는지 분석했다. 그리고 이후 5년 간격으로 이들의 건강 상태를 확인하며 연구를 진행했다.

그 결과, 대학 시절에 자신의 어려움을 부정적인 관점에서 바라본 학생들은 중년기에 접어들면서 각종 질병에 시달리기 시작했다. 반면, 자신의 고난을 긍정적이고 낙관적인 시각으로 바라본 학생들은 노년기까지도 활기차고 건강한 생활을 유지하는 모습을 보였다.

이 연구는 한 가지 중요한 사실을 보여준다.

우리가 어떤 어려움을 겪었는지가 중요한 것이 아니라, 그것을 어떤 관점에서 바라보느냐가 인생을 결정짓는다는 것이다. 같은 경험을 하더라도 긍정적인 해석을 하는 사람은 성장하고, 부정적인 해석을 하는 사람은 무너진다. 만델라는 감옥을 자신을 가두는 감옥이 아니라, 자신의 내면을 단련하는 공간으로 바라보았다. 그리고 그것이 그를 강하게 만들었다.

우리 역시 삶에서 맞닥뜨리는 시련을 어떤 관점에서 바라볼 것인지 고민해야 한다.

'이 상황이 나를 성장시키는 과정일 수도 있지 않을까?'
'이 경험이 나에게 어떤 의미를 줄 수 있을까?'

이런 질문을 던질 때, 우리는 역경 속에서도 성장할 수 있는 힘을 얻게 된다.

관점 바꾸기

어떤 어려움이나 단점 안에도 긍정적인 면이나 장점은 있기 마련이다. 또 관점을 바꾸면 약점은 강점으로 바뀐다. 그러기 위해서는 평소에 연습이 필요하다. 고난이나 약점에 감춰진 긍정적인 면이나 장점을 찾아보자.

단점이나 어려움	장점이나 기회로 바라보기
예1) 운동하다 다리를 다쳐 일주일 동안 입원하게 되어 괴로움 예2) 버스가 신호등마다 빨간불에 걸려 기분이 나쁨	예1) 병원에서 책을 읽을 시간과 자기주도학습의 기회를 얻음 예2) 버스가 출발할 때는 항상 1등으로 출발해서 기분이 좋음

자기주도학습, 멘탈 관리가 먼저다

자기조절력
나를 조절하는 힘

자기절제력과 유혹에서 벗어나기

단군신화에는 사람이 되기를 소원하던 곰과 호랑이가 나온다. 둘은 굴 안에서 마늘과 쑥을 먹으며 햇빛을 보지 말라는 환웅의 지시에 따른다. 곰은 자기가 하고 싶은 것을 뒤로 미루고 21일을 견디어내지만 호랑이는 이를 견디지 못하고 뛰쳐나갔다. 그 결과 곰만 사람(웅녀)이 되었고 환웅과 결혼하여 단군을 낳았다. 곰의 만족 지연능력, 자기절제력이 자신의 소망을 이루게 해준 것이다.

비슷한 사례로 우리가 알고 있는 〈마시멜로 이야기〉가 있다. 스탠퍼드대에서 1981년 4살 아이들을 대상으로 다음과 같은 절제력에 관한 실험을 하였다.

선생님은 아이들에게 마시멜로 한 개가 담긴 접시와 두 개가 담긴 접시를 보여주었다. 그리고 이렇게 말했다.

"지금 이 한 개를 먹을 수도 있지만, 선생님이 돌아올 때까지 먹지 않고 기다리면 두 개를 줄 거야."

선생님은 마시멜로 한 개가 담긴 접시를 아이 앞에 두고 방을 나갔다. 그러자 아이들은 세 가지 반응을 보였다. 선생님이 나가자마자 마시멜로를 먹은 아이들, 참다가 결국 중간에 먹어버린 아이들, 끝까지 참고 기다린 아이들.

연구진은 몇 년 동안 이 아이들의 성장 과정을 추적했다. 결과는 놀라웠다. 끝까지 기다린 아이들은 학교와 가정에서 더 우수한 성과를 보였으며, 대학 입학시험(SAT)에서도 높은 성적을 거두었다.

인내하지 못한 아이들은 비만, 약물중독, 사회 부적응 등의 문제를 가진 어른으로 사는 경우가 많았고, 인내력을 발휘한 아이들은 성공한 중년의 삶을 사는 경우가 많았다. 이것이 우리가 알고 있는 마시멜로 이야기의 첫 번째 실험결과이다.

유혹을 피하는 효과적인 방법

마시멜로 실험은 그 이후에도 두 차례 더 진행되었는데 두 번째 실험에서 가장 눈에 띄게 다른 점은 아이 앞에 남겨놓은 마시멜로 그릇에 뚜껑을 덮었다는 것이다. 단지 마시멜로를 덮어놓는 것만으로도, 즉 마시멜로를 직접 보지 않는 것만으로도 아이들이 기다리는 시간은 거의 두 배나 길어졌다. 마시멜로가 보이지 않는 환경에서는 더 잘 참아낸 것이다.

한 가지 특이한 사실은 기다리는 동안 재미난 생각을 하도록 지시받은 아

자기주도학습, 멘탈 관리가 먼저다

이들은 마시멜로가 눈에 보이건 보이지 않건 큰 차이 없이 평균 13분 정도를 기다렸다. 반면 생각에 관해 아무런 지시도 듣지 않은 아이들은 첫 번째와 동일한 실험결과를 보였다. 즉, 기다리는 방법에 대해 코칭을 받아 기다리는 동안 다른 생각에 집중한 아이들은 그렇지 않은 아이들에 비해 자기절제를 더 잘해 냈다.

이 실험에서 배울 수 있는 것은 유혹이 보이지 않도록 환경을 만들고 공부(일)에 집중하면 유혹에서 쉽게 벗어날 수 있다는 것이다. 공부를 방해하는 유혹거리에서 벗어나는 방법을 찾아 미리 대비하면 큰 효과를 볼 수 있다.

학생 시절에 자기절제력이 높은 학생일수록 나중에 사회에 나가 성공하고 안정된 생활을 한다는 사실은 여러 연구를 통해 확인되고 있다. 친구와의 놀이나 게임에 대한 유혹이 있을 때, 이에 어떻게 대비할지 미리 생각해 놓으면 보다 쉽게 유혹에서 벗어날 수 있다.

유혹 : 해야 할 일이 있는데 친구가 만나자고 하면?
대비 : '오늘은 일이 있어서 다음에 만나' 혹은 '일이 끝난 다음에 연락할게'라고 말한다.

유혹 : 숙제를 먼저 해야 하는데, 게임을 하고 싶은 마음이 생기면?
대비 : 그럼 무시하고 흘려보내면 되지 뭐!

이렇게 해결책까지 생각해 놓으면 걸림돌이 생기더라도 잘 이겨낼 수 있다.

시간 도둑과 공부 방해물 없애기

나의 소중한 시간을 빼앗아 가는 '시간 도둑'과 공부 집중을 방해하는 '공부 방해물'은 무엇인지 적어보자.

예) 휴대폰 – 공부할 때 휴대폰이 옆에 있으면 계속하게 된다.

1

2

3

4

5

나의 '시간 도둑'을 잡고 '공부 방해물'을 이겨내는 방법을 적어보자.

예) 공부할 때 휴대폰을 다른 사람에게 맡겨 놓거나 다른 곳에 보관한다.

1

2

3

4

5

자기주도학습, 멘탈 관리가 먼저다

자발성
기회의 문을 여는 열쇠

세상은 단 한 사람에게만 부와 명예의 양면에서 큰 몫을 허락한다. 바로 자발적으로 일하는 사람이다. 그렇다면 자발성이란 무엇인가? 누군가가 시키기 전에 스스로 알아서 그 일을 해내는 것을 의미한다.

이보다 한 단계 아래의 자세는, 한번 말을 들은 후에야 그 일을 해내는 사람이다. 그다음은 누군가가 독촉해야 비로소 일을 시작하는 사람이다.

마지막으로 가장 심각한 유형이 있다. 누군가 바로 옆에서 지켜보며 방법까지 가르쳐 줘도, 도무지 몸을 움직이려 하지 않는 사람이다.

당신은 이 네 가지 유형 중 어디에 속하는가?

— 엘버트 허버드(철학자)

빌 게이츠, 스스로 미래를 설계하다

마이크로소프트의 창업자 빌 게이츠는 어린 시절부터 컴퓨터에 대한 열정과 호기심이 남달랐다. 그는 중학생 시절 레이크사이드 스쿨에서 컴퓨터를 처음 접한 후, 컴퓨터 프로그래밍에 깊이 빠져들었다. 고등학생이 되어서도 학교의 컴퓨터 시스템을 개선하는 프로젝트에 자발적으로 참여하며, 컴퓨터

하루 15분 실천으로 완성하는 자기주도학습

에 대한 지식과 경험을 쌓았다.

빌 게이츠와 폴 앨런은 중학교 시절부터 함께 프로그래밍을 해온 친구였다. 1970년대 초반, 두 사람은 교통량 분석을 자동화하는 '트라프-오-데이터(TRAF-O-DATA)'라는 회사를 설립하여 초기 창업 경험을 쌓았다. 이 경험은 훗날 마이크로소프트 창업의 밑거름이 되었다.

이처럼 빌 게이츠의 자발성과 도전정신은 그에게 새로운 기회를 안겨주었고, 이는 결국 세계적인 IT 기업 마이크로소프트의 탄생으로 이어졌다. 그의 자발성은 대학 시절에도 계속되었다. 그는 새로운 기술을 탐구하고 개발하는 데 스스로 시간을 투자했으며, 이러한 노력은 훗날 IBM PC에 탑재될 운영체제인 MS-DOS의 탄생으로 이어졌다.

만약 그가 주어진 과제에만 만족하고 새로운 시도를 하지 않았다면, 오늘날 우리가 사용하는 컴퓨터의 모습은 완전히 달라졌을지도 모른다.

빌 게이츠의 사례는 자발성이 얼마나 중요한지를 잘 보여준다. **자발성은 남들이 시키는 일을 잘하는 것을 넘어, 스스로 문제를 발견하고 해결하려는 능동적인 태도를 의미한다.** 이러한 태도를 가진 사람은 새로운 기회를 발견하고, 자신의 잠재력을 최대한 발휘할 수 있다.

자발성은 기회의 문을 여는 열쇠다.
자발적으로 행동하는 사람은 더 많은 기회를 얻는다.
공부든 일이든, 누가 시키지 않아도 스스로 움직여 보자.
그 순간, 당신 앞에 새로운 기회가 열릴 것이다.

자발성 노트

자기주도적으로 공부하기

자발성은 기회의 문을 여는 열쇠이다.
매일 자발적으로 실천한 일을 기록해보자.
이번 주 학습을 중심으로 자발적으로 행한 활동을 적어보자.

예1) 목요일에 집에 오자마자 바로 영어 과제를 시작해서 저녁 먹기 전에 마쳤다.
예2) 주말에 다음 주에 배울 수학 이차방정식 개념을 이해하고 기본문제를 풀면서 예습했다.

1

2

3

4

5

6

7

8

9

10

하루 15분 실천으로 완성하는 자기주도학습

감사
감사하면 달라지는 것들

세 그룹으로 나누어 실행한 감사 실험

A그룹: 일주일 동안, 감사하다고 생각한 일 5가지씩 매일 적기

B그룹: 일주일 동안, 불만스러운 일 5가지씩 매일 적기

C그룹: 일주일 동안, 자신에게 일어난 중요한 일 5가지씩 매일 적기

실험 결과 A그룹이 다른 그룹보다 훨씬 건강하고 행복한 생활을 했다. 감사한 일을 세어보고 적는 것만으로도 행복해질 수 있다.

감사에는 어떤 원리가 숨겨져 있기에
우리 인생을 밝은 쪽으로 인도하는 것일까

고마운 사람을 떠올리고, 그에게 일주일 안에 감사 편지를 전달하는 실험을 했다. 편지에는 그 사람이 어떤 일을 해주었고, 그로 인해 어떤 도움을 받

았는지 구체적으로 자세히 적도록 했다.

이 실험은 기대 이상의 효과가 있었는데, 편지를 준 사람이나 받은 사람 모두 행복과 감격을 맛보았다. 감사 편지의 효력은 한 달이 지나도 계속되었다고 한다.

"범사(모든 일)에 감사하라"는 성경 말씀은 널리 알려져 있다. 그러나 우리는 하루를 시작해 잠들기까지, 과연 얼마나 자주 감사를 느끼고 실천하며 살고 있을까? 감사를 실천한 사람들은 하나같이 삶이 더 긍정적으로 바뀌었다고 말한다.

그렇다면 감사에는 어떤 비밀이 숨어 있기에 우리의 인생을 이토록 밝은 쪽으로 이끄는 것일까?

UC 데이비스의 심리학 교수 로버트 에몬스는 흥미로운 실험을 진행했다. 12세에서 80세 사이의 사람들을 두 그룹으로 나누었다.

A 그룹에게는 매일 또는 매주 감사 일기를 쓰도록 하고,
B 그룹은 그냥 일상적인 사건을 기록하도록 했다.

한 달 뒤, 두 그룹 사이에는 뚜렷한 차이가 나타났다. A 그룹, 즉 감사 일기를 쓴 사람들의 4분의 3은 행복감이 더 높았고, 수면, 일, 운동 등에서도 더 좋은 결과를 보였다. 반면 B 그룹은 특별한 감정 변화나 긍정적 효과를 느끼지 못한 경우가 많았다.

단지 감사를 기록했을 뿐인데도, 뇌의 화학 구조와 호르몬, 신경전달물질의 활동이 변했다. 감사를 느끼는 순간, 사랑, 공감 같은 긍정 감정을 담당하는 뇌 좌측 전전두피질이 활성화한 것이다. 심리학자들은 이 작용을 '리셋 버튼을 누른

것과 같은 효과'라고 설명한다. 감사가 인간이 느끼는 가장 강력한 감정 중 하나임이 실험으로 증명된 셈이다.

* * *

우울, 불안, 짜증 등으로 생활이 힘들다면, 그러한 감정들에서 잠시 벗어나려는 노력이 필요하다. 먼저 자신에게 감사할 것이 무엇인지 찾아보기를 바란다. **아무리 힘든 상황에 있어도 감사할 것들이 찾아보면 생각보다 많이 있다는 것을 깨닫게 될 것이다.**

감사는 부정적인 감정을 사라지게 하는 밝은 빛이다. 감사하는 순간, 우리는 혼자가 아니라 세상과 연결된 존재라는 느낌을 강하게 받게 된다. 삶의 번민과 고통은 '혼자라는 생각'과 '고립감'에서 더욱 커진다. 고독이 극대화되면 두려움과 슬픔이 그 자리를 채운다.

행복이란 단순히 기분 좋은 상태가 아니라, 고통과 두려움이 없는 상태다. 감사는 우리를 그곳으로 데려다준다.

감사의 마음은 부정적인 감정을 잠시 멈추고 자신을 돌보게 해주는 따뜻한 자극이 된다. 오늘 하루, 누군가의 말 한마디나 사소한 배려에도 '고맙다'고 마음속으로라도 말해보자. 그것만으로도 내 마음이 조금씩 달라진다.

감사 노트

년   월   일

감사한 마음이 중요한 이유는 무엇인가?

예1) 감사는 우리의 감정과 뇌를 긍정적으로 바꿔준다.

1

2

3

감사한 일과 감사한 분

예1) 친구가 힘들어 보인다고 먼저 말을 걸어줘서 마음이 따뜻해졌다.
예2) 수업시간에 이해가 잘 안 됐는데, 친구가 쉽게 설명해주어 내용을 정확히 알 수 있었다.

1

2

3

4

5

6

7

하루 15분 실천으로 완성하는 자기주도학습

결실
뿌린 대로 거두는 법칙, 황금률

'심은 대로 거둔다'는 법칙은 황금률(Golden Rule, 黃金律, 황금과 같은 율법이라는 뜻으로, 매우 깊은 뜻을 담고 있어 인생에 유익한 교훈이 되는 말)이다.

우리가 어떤 생각을 품는 순간부터 그것은 좋은 방향으로든 나쁜 방향으로든 우리 삶에 영향을 미친다. 많은 이들이 이 법칙을 모르고 있는 것은 가히 세계적인 비극이라 할 만하다.

얼핏 단순해 보이지만, 이 법칙은 우리가 자기 운명의 주인이 되도록 만들어주는 매개체다.

– 나폴레온 힐(성공 철학의 거장)

실패를 넘어선 도전, 나로호

2013년 1월 30일 오후 4시, 우리나라 최초의 우주 발사체 나로호(KSLV-1)가 성공적으로 발사되었다. 이로써 대한민국은 세계 11번째 '우주 클럽' 회원국으로 공인받았다.

하지만 나로호가 단숨에 성공한 것은 아니다. 2002년부터 개발이 시작된 이후, 2009년과 2010년 두 차례 발사에 실패하며 수많은 어려움을 겪었다.

1차 발사에서는 위성을 보호하는 덮개(페어링) 한쪽이 분리되지 않아 로켓이 정상 궤도를 벗어났고, 2차 발사에서는 1단 추진 시스템 이상 작동 및 2단 비행 종단 시스템 오작동이 실패 원인으로 추정됐다.

이뿐만이 아니었다. 1차 발사를 앞두고는 무려 7차례나 발사가 연기되었으며, 2차 발사 때는 발사 3시간 전 소화 장치 오작동으로 일정이 미뤄졌다. 결국 2차 발사마저 실패하자, 언론에서는 "나로호 2차 발사도 실패, 그러나 우주를 향한 꿈은 멈출 수 없다"라며 좌절 속에서도 희망을 잃지 말아야 한다는 메시지를 전했다.

뿌린 대로 거둔다: 노력 끝에 얻은 결실

나로호 프로젝트가 성공하기까지는 10년 5개월이라는 긴 시간이 필요했다. 두 번의 실패와 수많은 발사 연기를 겪으며 연구진들은 끊임없이 보완하고 수정했다. 우주 강국과 비교하면 인력과 예산이 부족한 상황이었지만, 우주를 향한 꿈을 포기하지 않고 집념을 불태운 과학자들 덕분에 결국 성공을 거둘 수 있었다.

돌이켜 보면 나로호 발사가 성공하기까지 무수한 실패가 있었다. 하지만 연구진들은 포기하지 않고 밤낮없이 연구하며 문제를 해결해 나갔다. 완벽한 준비가 끝날 때까지 우주는 하늘 문을 열어주지 않았다. 하지만 부족한 부분을 채우며 역량을 강화하는 시간을 가졌고, 마침내 완벽한 준비를 마친 후 하늘 문이 열렸다.

나로호 발사 성공은 '뿌린 대로 거둔다'는 법칙을 증명하는 대표적인 사례다. 씨앗을 뿌린다고 해서 곧바로 열매가 맺히는 것은 아니다. 꾸준히 물을 주고 햇볕을 쬐어주어야 튼튼하게 자란다. 공부나 일상생활에서도 긍정적인 행동으로 좋은 씨앗을 꾸준히 뿌려야 시간이 흐른 후 합당한 결과를 얻을 수 있다.

나는 공부에서 어떤 황금률을 실천할 것인가?

나로호 연구진처럼 끈기와 집념을 가지고 목표를 향해 나아갈 때 훗날 커다란 열매를 맺을 수 있다. 지금, 나만의 공부 황금률을 고민해보자.

자기주도학습 설문

공부의 황금률 찾기

1 학교 생활이 나의 성장에 중요한 역할을 한다고 생각한다. (O , X)

2 나는 평소에 운이 좋은(감사한 일이 많은) 사람이라고 생각한다. (O , X)

3 나는 책 읽기를 좋아하고 평소에도 책을 많이 읽는 편이다. (O , X)

4 나에게는 공부하는 목표와 이유가 있다. (O , X)

5 공부를 열심히 할 마음의 준비가 되어있다. (O, X)

6 가끔 슬럼프에 빠지지만, 잘 이겨낸다. (O, X)

7 내 인생의 꿈과 목표를 이루기 위해 지금 공부하고 있다고 믿는다. (O, X)

8 공부뿐만 아니라 다른 일도 최선을 다하고 싶다. (O, X)

9 공부를 잘하기 위해서는 무엇보다 마음 자세가 중요하다고 생각한다. (O, X)

10 부모님이나 선생님의 조언에 귀 기울일 필요가 있다고 생각한다. (O, X)

11 수업 전에 미리 공부할 내용을 확인하고 준비하는 편이다. (O, X)

12 나에게 맞는 나만의 공부 방법이 있다. (O, X)

13 수업이 끝나면 당일 복습하는 편이다. (O, X)

14 공부할 때 아는 것과 모르는 것을 확실하게 구분하고 확인한다. (O, X)

15 참고서나 문제집을 너무 많이 사지 않고, 필요한 만큼만 구입한다. (O, X)

16 교과서나 참고서는 여러 번 반복해서 읽는 편이다. (O, X)

17 공부에서 암기도 중요하지만, 이해하는 것도 병행해야 한다고 생각한다. (O, X)

18 시험 결과에 연연하지 않고, 시험 후 틀린 문제를 체크하면서 되돌아본다. (O, X)

19 내가 약한 취약 과목과 잘할 수 있는 전략 과목을 알고 있다. (O, X)

20 성적 향상을 위해 필요한 경우 공부 방법을 변화시킨다. (O, X)

21 어려운 문제를 풀 때 혼자 힘으로 해결하려고 노력하는 편이다. (O, X)

22 무리한 계획보다는 달성 가능한 분량의 공부 계획을 세운다. (O, X)

23 시험에 대비해서 미리 구체적인 계획을 세워서 공부한다. (O, X)

24 일단 세운 계획은 충실히 실천하려고 한다. (O, X)

25 방학을 대비한 계획을 세우고 방학 기간을 보낸다. (O, X)

26 계획을 세워서 공부하는 것은 공부 습관에 도움이 된다고 생각한다. (O, X)

27 선생님이나 부모님이 시키기 전에 알아서 공부하는 편이다. (O, X)

28 나의 목표를 위한 나만의 계획표가 있다. (O, X)

29 자투리 시간을 적극적으로 활용한다. (O, X)

30 공부가 힘들 때 스스로 격려하며 마음을 다잡는다. (O, X)

자기주도학습 설문 결과 진단

학습 설문 결과 O의 개수를 세어 해당하는 곳에 √ 표 해보자.

21~30개 ( )	자기주도학습을 잘 실천하고 있다. 부족한 부분을 보완하면 탁월한 자기주도학습자가 될 수 있다.
11~20개 ( )	자기주도학습 능력이 있지만, 더 많은 노력과 실천이 필요하다. 우선순위를 정해서 당장 실천할 수 있는 것부터 행동에 옮겨보자.
0~10개 ( )	자기주도학습에 대한 이해가 필요하다. 반드시 복습하고 가능한 것부터 실천하면 공부습관을 만들 수 있다.

자기주도학습, 멘탈 관리가 먼저다

나의 공부 황금률

*자기주도학습 설문을 마치고 나서 돌이켜보았을 때 내가 만들고 실천해야 할 공부의 원칙, 황금률은 무엇이라고 생각하는가? 위의 설문을 참고해서 내가 평소 꼭 실천해야 할 공부습관을 적어보자. 자신만의 공부 황금률을 만들어보자.

예1) 수업이 끝나면 당일 꼭 복습한다.
예2) 아침에는 공부 계획을 세우고, 밤에는 제대로 했는지 확인한다.

1

2

3

4

5

6

7

PART 3

자기주도학습
실천 매뉴얼

· · ·

3SR2E는 자기주도학습의 대전제인 읽기, 쓰기를 제대로 익히게 하고, 예습, 복습, 이해, 암기, 몰입 등 공부법의 핵심 요소를 습득하도록 돕는 방법이다.

매주 2~4회 꾸준히 훈련하면 자기주도적인 공부 습관이 정착될 수 있다. 아울러 '수업 되살리기'를 병행하면 학습 능력이 탁월하게 향상된다.

①

자기주도학습,
읽고 표현하는 것에
강해져라

. . .

왜 천천히 읽고 표현하는 것이 중요할까?

지식을 마음 옆에 붙여 놓아서는 안 되고 마음과 지식이 내적으로, 진심으로 합쳐져야 한다. 마음에 지식을 겉칠만 해서는 안 되고 털실에 물을 들이듯이 물들여야 한다.

— 몽테뉴(철학자)

어느 날, 대기업에 다니는 한 학부모가 자녀의 학습 문제로 상담을 요청했다. 중학교 2학년인 아들 영춘이는 활달한 성격으로 학교생활에 적극적이었지만, 공부에 대한 고민이 많았다. 특히, 책을 읽는 속도가 너무 빠르고 건성이어서 내용을 제대로 이해하지 못하는 데다, 수업 시간에도 집중을 못한다는 것이 문제였다.

"천천히 읽으라고 해도 대충 후다닥 읽어버려요. 그래서인지 내용을 잘 이해하지 못하고, 학교 성적도 많이 뒤쳐져 있어요."

영춘이의 부모님은 그동안 '제대로 읽는 것이 중요하다'고 자주 조언했지만 별다른 효과를 보지 못했다. 성적도 최하권이었으니 영춘이도 고민이 많았다.

빠르게 읽는 습관에서 벗어나기

처음 만난 영춘이는 운동을 좋아하고 활동적인 성격이었다. 나는 먼저 간단한 설문을 통해 영춘이의 학습 태도를 알아보았다. 공부에 대한 의욕은 있었고, 성적을 올리고 싶다는 목표도 분명했다. 하지만 기초가 부족해 수업을 따라가기 힘들고, 교과서를 읽어도 제대로 이해하지 못하는 경우가 많아 속상해하고 있었다.

"공부를 잘하고 싶은데 그게 잘 안 돼서 속상하겠네."

"네, 교과서나 자습서를 읽어도 이해가 안 되는 경우가 많아요."

나는 진지한 표정으로 영춘이 앞으로 바짝 다가앉았다. 그리고 목소리를 낮춰 천천히 말했다.

"영춘아, 내가 여러 학생들에게 알려주어 큰 효과를 본 공부 비법이 있어. 정말 효과적인 방법인데, 한번 배워보고 싶지 않니?"

"공부 비법이요? 당연히 알고 싶죠!"

영춘이는 눈을 반짝이며 대답했다.

"좋아. **이건 정말 간단하지만 강력한 비법이야. 핵심은 천천히 읽는 거야.** 천! 천! 히! 알겠어?"

"네!"

나는 다시 한번 강조했다.

"어떻게 읽어야 한다고?"

"'천! 천! 히!'"

영춘이는 또박또박 따라 말했다. 나는 미소를 지으며 교과서를 꺼냈다.

"좋아, 그럼 교과서를 한번 읽어볼까? 평소보다 조금 더 천천히. '무슨 내용일까, 잘 이해해야지' 하는 마음으로 읽는 거야."

나는 읽을 분량을 정한 후, 시간을 재며 읽게 했다. 영춘이는 천천히 읽으려고 노력하면서도 익숙하지 않은지 몇 번 멈칫거렸다.

"다 읽었어요!"

"좋아, 얼마나 걸렸는지 궁금하지?"

"네! 얼마나 걸렸어요?"

"2분 30초야."

"잘한 건가요?"

"이 정도면 괜찮은 편이야. 그런데, 방금 읽은 내용을 다 이해했어?"

"음… 아직 다 이해 못했어요."

"그래, 공부를 잘한다 해도 한 번 읽고 모든 걸 다 이해하는 사람은 없어. 그래서 한 번 더 읽어야 해. **그런데 이번엔 중요한 부분에 밑줄을 그으면서 읽어볼까?**"

영춘이는 자신이 좋아하는 색의 펜을 골라 다시 교과서를 읽기 시작했다.

천천히 읽고 표현하는 과정에서 변화가 시작되다

두 번째 읽기를 마친 후 다시 물었다.

"이번에는 어때? 처음보다 더 이해가 됐어?"

"네, 그런데 아직도 잘 모르는 부분이 있어요."

"그렇지. 그래서 마지막으로 한 번 더 읽을 거야. **이번엔 '선생님이 돼서 친구들에게 가르쳐준다'고 생각하면서 읽어봐.**"

"네, 알겠어요!"

영춘이는 다시 한번 집중해서 천천히 읽었다. 누군가를 가르친다는 생각으로 읽으니 더 집중하는 것 같았다. 다 읽고 나자 나는 물었다.

"어때? 선생님이 돼서 읽으니까 느낌이 달라?"

"네! 뭘 가르칠까 생각하면서 읽으니까 확실히 중요한 게 뭔지 알겠어요!"

"그럼 이제 네가 선생님이 돼서 방금 읽은 내용을 나한테 설명해볼래?"

영춘이는 진지하게 설명하기 시작했다. 머뭇거리기도 했지만, 분명 처음보다 훨씬 이해한 상태였다.

"좋아, 설명 정말 잘했어! 이번에는 방금 설명한 내용을 노트에 적어볼까?"

영춘이는 집중해서 노트에 정리했다. 마지막으로 물었다.

"영춘아, 이 방법이 도움이 될 것 같아?"

"네! 읽을 때 이해가 잘 되고 기억도 오래 남아요!"

"그럼 앞으로도 이 방법으로 꾸준히 연습해보자."

"네! 오늘부터 해볼게요!"

천천히 읽기가 만든 변화

그 후 영춘이는 천천히 읽는 습관을 꾸준히 실천했다. 학교 일과 등으로 바쁜 중에도 매일 일정 시간을 투자해 교과서와 자습서를 읽고 표현하는 연습을 했다.

몇 달 후, 시험을 본 영춘이는 환하게 웃으며 말했다.

"선생님! 저 영어 100점 맞았어요! 다른 과목 성적도 많이 올랐고요!"

"공부하면서 어떤 걸 느꼈어?"

"공부는 읽기만 잘해도 되는 거네요! 앞으로도 계속 교과서를 천천히 읽을 거예요!"

천천히 읽고 표현하는 것이 중요한 이유

많은 학생이 공부를 잘하기 위해 강의를 많이 듣거나 다양한 방법을 찾지만, 학습의 핵심은 '제대로 읽는 능력'에 있다.

* 천천히 읽으면 이해도가 높아진다.
* 중요한 부분을 찾고, 밑줄을 그으며 읽으면 내용이 더 잘 정리된다.
* 선생님이 되어 가르친다고 생각하면 자연스럽게 핵심을 파악할 수 있다.
* 읽은 내용을 자신의 말로 표현하면 더 확실하게 이해할 수 있고, 기억에도 오래 남는다.

천천히 읽고 표현하는 습관을 기르면, 공부는 훨씬 쉽고 재미있어진다. 3SR2E(3번 천천히 읽고, 2번 표현하기)는 자기주도학습을 위한 최상의 학습법이다.

3SR2E 공부법 매뉴얼
3번 천천히 읽고 2번 표현하기

3SR2E는 자기주도학습을 실천하는 효과적인 방법으로, 학습자가 자신의 수준에 맞춰 진행할 수 있다. 이 학습법을 통해 **읽기, 쓰기, 예습, 복습, 몰입, 피드백** 등의 중요한 공부 습관을 익힐 수 있다.

읽고 표현하기는 자기주도학습에서 가장 중요한 요소다.
3SR2E는 3번 천천히 읽고(3SR), 2번 표현하기(2E)를 말한다.
각 회당 주어진 미션에 따라 천천히 읽기(Slow Reading, SR)를 3회하고, 각 회당 읽은 시간을 기록한다. 읽은 다음 읽은 것을 표현하는(Expressing in writing and in speaking) 것이 중요하다. 1회는 노트에 쓰고, 1회는 말로 설명한다. (2번 표현)

3SR2E : 3번 천천히 읽고 2번 표현하기

SR : Slow Reading

E : Expressing in writing and in speaking

하루 15분 실천으로 완성하는 자기주도학습

3SR2E의 실천 방법은 다음과 같다.

구분	방법	읽은 시간
1SR	내용을 이해(생각)하며 천천히 읽는다.	분 초
2SR	중요한 내용에 밑줄을 그으며 천천히 읽는다.	분 초
3SR	선생님이 돼서 친구들을 가르친다고 생각하며 천천히 읽는다.	분 초
1E	읽은 내용을 최대한 기억해서 적는다. (writing)	
2E	읽고 기록한 내용을 다른 사람에게 설명해 본다. (speaking)	

- 각 회독에 해당하는 읽기 방법에 따라 읽는다.
- 핵심은 천천히 읽는 것이다.
- 모르는 낱말이 많으면, 1SR 전에 낱말의 뜻을 찾아 책에 적어둔다.
- 한 번 읽을 때마다 짧게 휴식 시간을 가진다.
- 한 번 읽을 때마다 읽은 시간을 기록한다.
- 횟수가 늘어날 때마다 더 천천히 읽도록 노력한다.
- 다 읽고 나서는 책을 보지 않고 최대한 기억해서 내용을 노트에 적는다.
- 노트에 적은 내용을 부모님, 선생님, 친구에게 설명해본다.

자기주도학습 실천 매뉴얼

과목(교재)	윤리와 사상	읽은 페이지	~ 페이지
	1회 (이해하며 읽기)		6 분 22 초
읽은 횟수 (해당되는 횟수에 ○표)	2회 (밑줄 그으며 읽기)	천천히 읽은 시간	5 분 12 초
	3회 (무엇을 가르칠까?)		6 분 43 초

책을 덮고 읽은 내용을 천천히 생각하면서 최대한 기억해서 적어보세요.
자세히 기록할수록 좋습니다.

< 고대 그리스의 윤리사상 >
특징 : 고대 그리스와 그리스도의 서구문명의 토대임.
　　　신의 가르침을 바탕으로 하며 차별없는 사랑 강조.
　　　⌒→ 신과 이웃을 사랑할 것.
차별없는 사랑의 윤리 : "너희는 너희의 원수를 사랑하고, 박해하는 자를 위해 기도하라"
보편윤리러서의 황금률 : "모든 것에서 네가 대접받고자 하는 만큼 남에게도 대접하여라"
　　　　　　　　　　　　　⌒→"

< 아우구스티누스의 윤리사상 >
플라톤사상 수용 :
　　플라톤 ┤ 이데아세계 (완전성↑)　　아우구스티누스 ┤ 천상의 나라 (영원)
　　　　　 └ 현실세계 (완전성↓)　　　　　　　　　　　 └ 지상의 나라 (유한)
차이 : 플라톤 : 신을 이성적 존재 / 아우구스티누스 : 신은 실존적 존재.
인간의 이성, 한계 : 원죄는 신의 은총에 의해서만 구원받음.
신은 최고선이며 실존적 대상이며 향유해야 함. ✗종교적 덕 (믿음, 사랑, 소망) → 최고덕, 사랑
자연적 악 : 선의 결핍으로 생겨나는 것. ⇒ 신에게 구원 ○.
도덕적 악 : 인간의 자유의지를 남용한 결과⇒

━━━
악 : 선의 결핍으로 생겨난 것 → 신의 창조물 ✗. 악은 그 자체로 존재 ✗.
사랑 ┤ 향유 : 그 자체로 목적으로 두는 것. (상위의 ✗ : 신, 정신적대상)
　　　└ 사용 : 목적의 수단으로 두는 것. (108)
　　　　(하위의 ✗).　　10대를 위한 자기주도학습 실천 노트

〈3sr2e 사례, 윤리와 사상〉

과목(교재)	생명 Ⅰ		읽은 페이지	121 ~ 123 페이지
읽은 횟수 (해당되는 횟수에 ○표)	1회(이해하며 읽기)		천천히 읽은 시간	6 분 21 초
	2회(밑줄 그으며 읽기)			6 분 14 초
	3회(무엇을 가르칠까?)			6 분 26 초

책을 덮고 읽은 내용을 천천히 생각하면서 최대한 기억해서 적어보세요.
자세히 기록할수록 좋습니다.

멘델 : 완두 실험에서 유전인자가 쌍으로 존재 하다가 나눠여져 ○○ 그후 생식을통해
대서 쌍을 〈○○ ○○ 이룬다는 것을 말함.

ᶩᴧᴧᴧ : 염색체가 멘델이 말한 것처럼 행동하는 것을 관찰함.

오건 : 유전자는 염색체의 일정한 위치에 자리하고, 대립유전자는 상동염색체의
같은 위치에 자리함.

유전자는 유전의 기본 단위이고, 생명유지와 관련된 정보를 가지고 있음, 나중에 생식을
통해 후손들에게 전달.

DNA는 유전물질. 분열하기 전에는 실로 존재 분열할때는 응축 됨.
why? DNA는 너무 길어서 유전물질이 정확하게 분열이 X

분열 전   분열할 때 | 히스톤 단백질을 DNA가 감싸고있는 기본단위

:뉴클레오솜.

실   염색체
=염색사

                            뉴클레오솜과 뉴클레오솜을 DNA가 연결하고있음.

<3sr2e 사례, 생명과학>

3SR2E로 공부 습관을 만들다

중학생이 된 윤정이는 공부에 어려움을 겪고 있었다. 학교나 학원 수업을 따라가기 어려웠고, 결국 수학 학원도 그만두었다. 무슨 말인지도 모르는 수업을 듣는 것이 너무 힘들었기 때문이다. 적극적인 성격이지만, 공부 스트레스 때문인지 소극적이고 위축이 되어있었다.

다행히 윤정이는 책 읽기를 좋아했다. 판타지 소설에 편중된 것이 문제였지만, 그래도 책을 읽는다는 점은 긍정적인 신호였다.

1회차 수업

첫날부터 사회 교과서를 가지고 '천천히 제대로 읽기(3SR2E)'를 연습했다. 소단원 하나를 선택해 세 번 천천히 읽고, 내용을 노트에 적은 후 나에게 설명하게 했다. 이해되지 않는 낱말은 찾아서 확인하도록 했다. 잠시 휴식 후 다음 절을 같은 방식으로 읽기 훈련을 했다. 윤정이는 집중력이 좋았고, 설명도 또박또박 잘했다.

"전에 이런 식으로 읽은 적 있니?"

"아니요, 이렇게 읽기는 처음이에요."

"해보니까 어때?"

"집중이 잘 되고 이해가 잘 되는 것 같아요."

"그러면 집에서 다음 절을 한 번 연습해볼 수 있겠어?"

"네, 한번 해볼게요."

"다음 시간에 수학 문제집을 가져와 봐. 수학도 3SR2E로 연습하면 돼."

"네? 수학도 그게 가능해요?"

윤정이는 수학도 3SR2E로 공부할 수 있다는 말에 기대감을 보였다.

"수학 학원을 그만뒀는데 이제 어떻게 할 거야?"

"일단 동영상 강의를 듣기 시작했어요."

"그래, 그렇게 개념을 익히면서 3SR2E로 연습하면 점점 나아질 거야."

2회차 수업
이날도 사회 교과서로 3SR2E 훈련을 했다.

1회: 5분 24초 / 2회: 3분 44초 / 3회: 5분 4초

읽기를 한 후, 내용을 노트에 적고 설명하는 시간을 가졌다. 주제가 '산지 지형의 형성'이었는데, 윤정이가 개념을 더 확실히 이해할 수 있도록 산맥과 큰 강의 위치를 직접 그려보게 했다.

수학은 '유리수의 혼합 계산' 개념 부분을 3SR2E로 훈련했다. 사회 교과서로 했던 방식을 그대로 적용하니 어렵지 않게 읽어 나갔다.

"선생님, 그런데 이 문제를 집에서 풀어봤는데 못 풀었어요. 풀이를 봤는데도 잘 이해가 안 가요."

"윤정이는 문제가 안 풀리면 어떻게 해결해?"

"풀이를 보거나 인강(인터넷 강의)을 찾아 설명을 들어요. 그런데 이 문제는 설명을 들어도 모르겠어요."

"풀이 보기 전에 몇 분 정도 생각해?"

"2~3분 정도요."

"그럼 오늘은 좀 더 생각해볼까? 5분에 도전해보자. 수학 성적은 생각하는 시간이 늘어야 올라가는 거야."

윤정이는 문제를 풀기 위해 계속 고민했고, 결국 6분 만에 문제를 풀었다.

"선생님, 풀었어요!"

"잘했어! 생각하니까 문제가 풀리는구나."

윤정이는 수학도 개념 부분은 3SR2E로 하기로 했고, 안 풀리는 문제는 생각하는 시간을 늘리기로 했다.

"선생님, 그런데 계속 생각했는데도 안 풀리면 어떻게 해요?"

"한 번에 안 되면 두 번, 세 번 하면 되지. 꼭 한 번에 해결할 필요는 없어."

"아, 네. 알겠어요."

3회차 수업

윤정이와 함께 3SR2E로 학습했던 '건조 기후와 툰드라 기후' 부분의 문제를 풀었다. 문제를 풀기 전에 개념 부분을 한 번 더 정독했다. 윤정이는 기본 개념 문제는 모두 맞았고, 연습 문제도 대부분 정답을 맞혔다. 문제를 풀기 전에 윤정이에게 한 가지를 주문했다.

"그동안 문제를 풀 때 어떤 방식으로 했었지?"

"문제집에 답을 표시하고 채점했어요."

"이제부터는 답을 노트에 적고 채점하자."

"왜요?"

"문제도 3SR2E처럼 세 번 풀 거야."

"세 번이나요?"

"맞힌 문제 중에서도 제대로 이해하지 못한 경우가 있어. 그리고 틀린 문제는 더 확인해야 하고, 맞힌 문제도 반복하면 기억에 더 오래 남지."

그러고는 사회 과목에서 틀린 문제에 대해 '왜 틀렸는지', '다른 선택지는 왜 답이 아닌지'를 설명하게 했다.

"답을 맞히는 것도 중요하지만, 그것이 왜 답이 되고 어떤 것은 왜 답이 안 되는지를 명확하게 아는 것이 중요해."

"네, 그렇게 따져보니까 확실히 더 명확해지는 것 같아요."

사회 문제를 푼 후 3SR2E로 수학 개념 읽기를 진행했다. 그러고는 관련 문제를 풀게 했다.

"선생님, 다른 문제는 다 풀었는데, 20번 문제가 안 풀려요."

"그래? 지금 다시 풀어볼까? 오래 생각할수록 좋아."

윤정이는 4분 25초 만에 문제를 풀어냈다.

"브라보, 생각하니까 문제가 또 풀렸네."

이렇게 매 수업 3SR2E를 연습하면서 윤정이의 읽기 능력과 생각하는 능력이 향상되는 것을 볼 수 있었다.

5회차 수업

윤정이는 집에서도 사회와 수학을 3SR2E로 연습했다고 했다.

"선생님, 그런데 수학 단원 종합 문제 18번, 19번을 못 풀었어요."

"그러면 다시 풀어보자."

18번은 1차에 4분 동안 생각했지만 풀지 못했다. 잠시 쉬었다 2차에 도전했다. 이번에는 13분 35초 만에 풀어냈다.

"와, 생각하는 시간이 13분을 넘었어. 너의 최고 기록이야."

잠시 후 19번에 도전했다. 이번에는 16분 23초 만에 풀어냈다.

"윤정아, 너의 생각하는 능력이 점점 좋아지고 있어."

7회차 수업

여름방학이 되자 윤정이는 도서관에 다니기 시작했다. 책을 마음껏 읽을 수 있어서 좋다고 했다.

"선생님, 지난주에는 한 문제를 풀지 못해서 너무 힘들었어요. 1시간이나 생각했는데도 못 풀었어요."

"그러면 개념을 한 번 더 읽고 풀어볼까?"

다시 읽는 데 3분 48초가 걸렸다.

"어때? 이해가 잘 됐니?"

"아니요, 한 번 더 읽어봐야 할 것 같아요."

윤정이는 2분 10초에 걸쳐 한 번 더 읽었다.

"이제 된 것 같아요. 다시 풀어볼게요."

윤정이는 집중하여 문제를 풀기 시작했다. 30분 35초 만에 문제를 해결했다. **점점 생각하는 시간이 늘어나면서 문제 해결 과정에 재미를 붙이고 있었다.**

사회 교과서는 '자원과 주민 생활' 단원을 3SR2E로 진행했다.

1회: 4분 34초 / 2회: 3분 42초 / 3회: 2분 30초

방학이 끝나자 과학과 국어도 3SR2E로 학습하기 시작했다. 학교 진도보다 약간 앞서서 예습하는 형식으로 진행했는데, 윤정이는 집에서도 그 흐름을 유

지했다. 공부한 단원은 반드시 문제를 풀어 확인했고, 일주일 후 다시 문제를 풀어 복습했다. 어느 과목, 어느 단원이든 최소 세 번 문제를 풀었다. 그렇게 공부한 결과, 학교 수행 평가에서 우수한 성적을 거두었고, 학년 말 시험에서는 전 과목 100점을 받아 윤정이 스스로도 많이 놀랐다. 자신감을 회복한 윤정이는 혼자서도 3SR2E를 실천하려고 노력했다.

공부는 교재를 잘 읽고, 노트에 잘 정리하고, 생각하는 시간을 늘려 나가면 저절로 몰입도가 올라가 실력이 향상됨을 윤정이의 성장을 통해서 확인할 수 있었다.

수학 교과서도 3SR2E로 공부하다

중학교 1학년 영만이는 반에서 꼴찌를 다투는 아이였다. 영만이는 바둑을 무척 좋아했는데, 초등학교 때까지 바둑학원만 열심히 다녀서인지 학교 성적은 저조한 편이었다.

중학생이 되어 자신의 성적을 확인한 후, 영만이는 스스로 바둑학원을 그만두었다. 대신 성적을 올리기 위해 학원에 다니기로 했다. 하지만 워낙 기초가 부족했던 터라 학원 수업이 너무 힘들었고, 결국 엄마에게 힘들다고 호소하는 상황에 이르렀다. 그래서 영만이 엄마의 요청으로 수업을 하게 되었다.

보통 학생을 코칭할 때는 조금이라도 잘하는 과목이나 성과를 낼 수 있는 과목을 먼저 선택하도록 한다. 이렇게 하면 쉽게 성과를 올릴 수 있고, 이를 통해 자신감을 키우며 공부하는 법을 익히게 하려는 것이다.

그런데 영만이는 자신 있는 과목이 하나도 없었다. 그래도 한 과목을 선택하라고 했더니, 자기는 수학이 재미있으니까 수학부터 하자고 제안했다. 의외의 제안이기는 했지만, 영만이가 원하는 대로 수학부터 공부하기로 했다.

그러나 첫날부터 수업은 벽에 부딪혔다. 영만이가 그날 학교에서 배운 내용을 복습하고 문제를 풀겠다고 해서 그렇게 하라고 했는데, 문제를 풀기 시작한 지 얼마 지나지 않아 난감한 표정으로 문제를 바라보고만 있었다.

"왜? 무슨 어려운 점이라도 있니?"

"선생님, 도대체 문제가 무슨 말인지 모르겠어요."

정말 답답해 미칠 것 같다는 표정이었다.

"그래, 뭐가 문제인지 보자."

문제는 간단한 수식으로 이루어져 있었지만 기호가 많이 포함되어 있었다.

"영만아, 이 문제가 무엇을 묻고 있는지 설명해 줄래?"

"그러니까요, 선생님. 제가 그걸 모르겠어요."

자신의 머리를 만지며 곧 울음이 터트릴 것 같은 영만이를 우선 다독였다.

"오케이, 천천히 생각해보자. 문제가 묻고 있는 것의 개념을 잘 이해하지 못해서 그런 거야. 개념이 설명된 부분을 다시 읽고, 차근차근 이해하면 쉽게 풀 수 있을 거야. 교과서 개념 정리 부분을 펼쳐볼까?"

영만이는 교과서의 해당 부분을 폈다. 그러고는 "그냥 읽으면 되나요?"라고 물었다.

"응, 당연히 읽어야지. **그런데 읽는 데도 방법이 있어. 일단 천천히 읽어야 해. 천천히 읽으면서 '이게 무슨 뜻일까' 하고 생각하면서 읽는 거야. 꼭 이해해야지 하는 마음으로. 읽은 다음에는 그 내용을 자신에게 설명을 해봐. 그런 다음에 노트에 개념을 적어보는 거야.** 자, 시작해볼까?"

영만이는 천천히 읽기 시작했다. 다 읽은 후 중얼거리며 자신에게 설명했다. 그런 다음 노트에 개념을 적었다. 그런데 적은 내용이 교과서와 비교해서 많이 부족했다.

"책에 있는 내용과 네가 정리한 내용을 비교해 볼까?"

"어… 네, 선생님. 뭔가 많이 빠진 것 같아요."

"그럼 어떤 부분이 부족한지 살펴보자."

영만이는 노트와 교과서를 비교해 보더니 "선생님, 한 번 더 볼게요."라고 했다.

"좋아, 이번에는 아까보다 더 천천히 읽어보자. 한 번 더 읽으면 훨씬 이해가 잘 될 거야."

영만이는 다시 읽고 나서 써보기를 했다. 이번에는 훨씬 더 잘 정리할 수 있었다. 그래서 한 번만 더 읽고 문제를 풀어보게 했다.

"자, 아까 그 문제를 다시 풀어볼까?"

영만이는 문제를 보더니 '아, 알겠다' 하는 표정으로 풀어나갔다. 문제를 제대로 이해하자 어렵지 않게 해결할 수 있었다.

"아까는 이 문제가 어려웠는데, 이번에는 쉽게 풀었네. 무슨 차이가 있었을까?"

"처음엔 개념을 이해하지 못한 상태에서 문제를 풀려고 하니까 문제가 무슨 뜻인지 몰라서 어려웠어요. 그런데 개념을 천천히 읽고 정리하니까 이해가 잘돼서 문제의 의미를 알 수 있었어요."

"맞아. 그런데 아까는 왜 문제부터 풀었지?"

"수학을 잘하려면 문제를 많이 풀어야 한다고 들었거든요. 그래서 문제부터 풀려고 했어요."

"그럼, 이제 앞으로는 어떻게 수학을 공부할 거야?"

"우선 교과서 내용을 읽고, 읽은 내용을 노트에 정리하고 확실히 이해한 다음에 문제를 풀어야겠어요."

"좋은 생각이야. 문제를 많이 푸는 것도 중요하지만, 먼저 개념을 충분히 이해한 후에 문제를 푸는 게 더 효과적이겠지? 오늘 중요한 공부법을 하나 배왔구나."

* * *

그 후 영만이는 수학 개념을 먼저 이해하기 위해 교과서를 세 번 정도 천천히 읽고, 정리한 다음 문제를 풀었다. 덕분에 수학에 흥미를 붙이고 자신감도 키울 수 있었다.

수학도 천천히 읽는 방법을 통해 내용을 충분히 이해하면 문제를 쉽게 풀 수 있게 된다.

생각하는 공부와 3SR2E

역사는 흐름을 파악하는 것이 중요하다

"선생님, 저는 역사가 어려워요. 인강(인터넷 강의)까지 들으며 열심히 외우는데도 실력이 안 느는 것 같아요."

중3 인지는 역사를 공부하다가 답답한 표정을 지으며 내게 말했다.

"그 많은 걸 다 외우고 있다고?"

"역사는 무조건 외워야 하는 거 아니에요?"

"오우, 안 돼. 무조건 외운다고 되는 것도 아니고 그 많은 걸 다 외울 수도 없어. 이해하고 흐름을 잘 파악해야 해."

"그럼 어떻게 해요?"

"천천히 여러 번 교과서를 읽는 것이 필요해. 읽다 보면 조금씩 흐름이 이해가 되고. 우선 3번만 읽어보자. 천천히."

"교과서를 읽으라고요? 교과서 읽어봤는데 잘 안 읽혀서 인강을 듣는 거예요."

"모르는 낱말이 많으면 읽기가 쉽지 않지. 그럴 때는 미리 어휘의 뜻을 찾아서 적어놓으면 읽을 때 이해하기가 쉬워. 그리고 읽을 때 생각을 하면서 천천히 읽는 것이 중요해. 그래야 머릿속에서 내용이 체계적으로 정리가 되거든."

나는 인지에게 모르는 낱말의 뜻을 찾아 적게 한 뒤 천천히 여러 번 읽게 했다.

"여러 번 읽으니까 어때?"

"읽을 때마다 조금씩 이해되는 것이 많아져요."

3번을 천천히 읽은 후 노트에 읽은 내용을 2번 출력해서 적게 했다.

"출력까지 해보니 어때?"

"훨씬 더 잘 이해되고 기억이 잘 나요."

인지는 웃으며 말했다.

"이제, 읽은 부분을 인강으로 들으면 이해가 잘 될 거야."

며칠 뒤, 인지에게 인강에 관해 물었다.

"역사 인강 들으니 어땠어?"

"귀에 쏙쏙 들어왔어요. 확실히 이해가 잘 돼요. 제 문제가 뭔지 알겠어요."

"그래, 인지는 무엇이 문제라고 생각하는데?"

"아무런 이해 없이 무조건 외우려고 했던 거요."

"교과서나 자습서를 여러 번 읽으면서 이해하고 흐름을 파악하는 것이 중요하다는 것을 알았어요. 다른 과목도 이렇게 하면 되는 거죠?"

"그렇지, 다른 과목도 마찬가지야. 오늘은 국어부터 연습해볼까?"

인지는 읽기의 중요성을 확실하게 알게 됐고 꾸준히 연습한 결과, 공부에 자신감과 재미를 갖게 됐다. **읽기를 잘하면 이해하게 되고 깨달음을 체험하게 된다. 이것은 강력한 공부 동기부여가 된다.**

생각하는 시간이 늘어야 실력이 는다

중3 수현이가 과학 문제집을 풀다가 나에게 물었다.

"선생님, 이 문제는 두 번이나 풀었는데도 모르겠어요. 어떻게 해야 해요? 물리는 너무 어려워요."

"답 풀이는 확인했어?"

"네, 그런데 풀이를 봐도 모르겠어요."

"수현이는 안 풀리는 문제를 만나면 보통 몇 분이나 생각해?"

"음… 2, 3분 정도요."

"그럼 이 문제는 몇 분 정도 생각했을까?"

"2번 풀었으니, 합치면 5분 정도 될 거예요."

"그래? 그러면 이번에는 연속해서 5분을 생각해볼까? 풀이는 보지 말고 온전히 생각만 해보자. 내가 시간을 잴 테니까 5분 동안 계속 생각하는 거야. 할 수 있겠어?"

"네, 알겠어요. 해볼게요."

수현이는 집중해서 다시 한번 문제를 풀기 시작했다. 3분쯤 흐르자 수현이가 말했다.

"선생님, 풀었어요."

"풀었어? 어떻게 푼 거야?"

수현이는 자기가 풀었던 방법을 나에게 설명했다.

"오호, 금방 풀었구나. 생각하니까 문제가 풀리지?"

"네, 풀리네요. 3분밖에 안 됐는데."

"앞으로도 풀이는 나중에 보고, 일단 생각하는 시간을 조금 늘려봐. 그래야 실력이 느는 거야."

"네, 알겠습니다."

스스로 생각하는 시간이 늘어야 실력이 늘고 성적이 향상된다. 생각을 귀찮아 하고 해답 풀이에 의존하면, 실력은 제자리걸음일 수밖에 없다.

"어려운 문제는 생각하는 시간을 늘리고 여러 번 반복해서 풀어봐. 오늘 5분 생각했는데 안 풀렸다면, 내일 5분 생각하고, 그래도 안 풀리면 모레 5분 더 생각해보는 거지. 문제집도 여러 권 많이 푸는 것보다 한 권을 여러 번 반복해서 푸는 게 좋아."

"문제를 풀 때도 3SR2E를 활용해봐."

수현이는 그 뒤로 잘 풀리지 않는 문제라도 바로 해답 풀이를 보지 않고, 좀 더 생각하려고 노력했다. 그래도 풀리지 않으면 나중에 다시 풀어보았다. 문제집도 반복해서 풀었다.

3SR2E를 읽기에만 적용할 것이 아니라 문제를 풀 때도 응용해보자. 문제집은 또 다른 형태의 읽기 교재라고 할 수 있다.

3SR2E의 확장

중3 용욱이의 성적은 상위권이었는데, 학년이 올라갈수록 성적이 떨어졌다. 학교 수업 외에도 학원이나 과외 등 여러 방법을 시도했지만 효과가 없어 부모님의 걱정이 컸다.

"아이에게 공부 의욕을 심어주고, 올바른 공부 방법을 알려줄 분이 필요해요."

어머니는 간절한 마음으로 말했다. 사실 상담해보면 많은 부모가 비슷한 얘기를 한다. 먼저 간단한 설문을 진행했다.

용욱이는 자신의 단점으로 "수줍음이 많고, 표현하는 것이 어렵다"라고 적었고, "책 읽기를 좋아한다"를 장점으로 적었다. 용욱이의 장단점을 좀 더 이야기한 후, 목표에 관해 이야기를 나누었다.

"엄마가 네 공부에 자꾸 간섭해서 기분이 별로 좋지 않지?"

"네."

용욱이는 고개를 끄덕였다.

"엄마가 보기에 네 목표가 분명하지 않다고 생각하니까 자꾸 '이거 해라,

저거 해라' 하시는 게 아닐까? 네가 확실한 목표를 갖고 스스로 공부해 나간다면 엄마도 너를 믿어주실 거야."

이 말을 듣자 용욱이의 눈빛이 반짝였다.

3SR2E를 확장하여 5SR2E를 진행하다

2차 코칭부터 본격적으로 수업을 진행했다.

먼저 목표에 대해 더 깊이 이야기했다. 진학하고 싶은 대학과 학과에 대한 의견을 나누고, 용욱이는 이어서 1학기 기말고사 성적이 떨어진 만큼 2학기에는 성적을 올리고 싶다고 했다.

"2학기 목표 성적을 정해보자. 목표는 구체적이어야 하고, 달성하기 약간 어려운 도전적인 것이 좋아. 자신의 마음과 정신을 온전히 집중할 수 있는 목표를 세우는 게 중요하고."

용욱이는 기초가 탄탄한 편이었고 학습 의욕도 충분하다고 판단했기 때문에 바로 '읽기 연습'에 들어갔다. 독서력도 있는 편이어서 3SR2E를 확장하여 5SR2E(5번 천천히 읽고 2번 표현하기)를 진행했다. 용욱이가 가장 어려워하는 과목이 역사였기 때문에, 2학기에 배울 내용을 미리 읽어보기로 했다.

* 교과서 소단원 하나를 천천히 읽기
* 다섯 번 반복해서 읽기
* 책을 덮고 노트에 정리하기

용욱이는 독서를 좋아하는 편이라 5회독 과정을 힘들어하지는 않았다. 책을 읽어나가던 용욱이가 낯선 단어를 물어오기도 했지만, 뜻을 짐작하며 계속 읽도록 지도하였다.

"우선 네가 뜻을 짐작해봐. 그리고 문맥을 살펴보면서 계속 읽어봐. 정확한 뜻은 이따가 사전에서 확인해보자. 그러면 네 짐작이 맞았는지 알 수 있겠지?"

읽을 때마다 읽은 시간을 매번 적게 하였다.

1회 : 4분 20초
2회 : 10분 05초
3회 : 2분 20초
4회 : 3분 10초
5회 : 2분 30초

총 23분 정도 소요되었다. 역사 교과서를 이렇게 집중해서 읽은 것은 처음이라고 했다.

"자, 이제 읽은 내용을 최대한 기억해서 적어보자. 오늘은 처음이라 잘 기억나지 않을 수도 있어. 하지만 열심히 생각해보는 게 중요해. 공부는 입력(input)뿐만 아니라 출력(output)도 중요하거든."

처음이라 그런지 용욱이는 많이 적지는 못했다. 기억이 잘 나지 않자 답답한 표정을 지었다.

"막상 적으려니까 기억이 잘 안 나요. 책을 펼쳐보고 싶었어요."

"그래? 이제 확인해봐. 무엇이 기억나지 않았는지."

책을 보며 확인한 후, 용욱이는 고개를 끄덕였다.

"이렇게 확인한 내용은 쉽게 잊어버리지 않을 거야. 오늘은 처음이라 출력하는 연습이 잘 안 돼서 힘들었겠지만, 시간이 지나면 점점 더 잘하게 될 거야."

"이 방법, 해보니까 어때?"

"정말 좋았어요!"

"좋아, 그럼 다음 만날 때까지 하루에 소단원 하나씩 정리해볼 수 있겠니? 이건 숙제야."

"네, 해볼게요."

"읽은 시간도 잘 기록해둬. 그리고 정리한 노트는 나중에 책으로 만들어줄 테니까 정성껏 써보자."

3차 코칭 때 확인해 보니 용욱이는 '5회 읽고 적어보기' 숙제를 3일 동안 하였다. 조금 힘들었다고 했다. 나는 다시 한번 '읽고 적어보기'의 중요성을 강조하며, 따로 5SR2E 노트를 만들게 했다. 그러고는 2차 수업 때 했던 방식으로 훈련을 반복했다.

4차 코칭 때, 용욱이는 노트 정리를 매우 깔끔하게 해왔다. 엄마한테 들으니 노트 정리하느라 많이 애썼다고 했다. 잘 소화하고 있는지 확인하기 위해, 소목차 하나를 선택하여 직접 설명해보도록 했다. 당황하는 모습이어서 5분의 준비 시간을 주니, 좀 서툰 부분도 있었지만 비교적 일목요연하게 설명했다. 책 읽기 훈련을 두세 번 더 해야 할 것 같다는 생각이 들었다.

3SR2E를 활용한 영어 공부

용욱이는 수학에 치중하다 보니 상대적으로 다른 과목이 부족한 상태였다. 특히 영어를 어떻게 하는 게 좋을지 물어왔다. 그래서 역사 교과서를 읽었던 방식을 적용하여 슬로 리딩으로 영어 교과서를 읽어보기로 했다.

먼저 7과 본문을 천천히 읽어보도록 했다. 10분 조금 넘게 걸렸다.

"선생님, 영어를 이렇게 읽어보는 건 처음이에요. 이렇게 읽으니까 아이디어도 많이 떠오르고, 이해도 훨씬 잘 되네요."

"예전에는 어떻게 읽었는데?"

"의미 파악 없이 문장을 쭉 읽었어요. 다 읽은 다음 다시 처음으로 돌아와 본문해석을 했어요. 그런데 천천히 읽으니까 이해도 잘 되고 기억도 잘 나요. 신기해요!"

"좋아! 그럼 매일 10분씩 투자할 수 있겠어?"

"네! 7과가 익숙해지면 8과로 넘어갈게요."

"한 가지 주의할 점이 있어. 8과를 읽기 전에 먼저 7과를 한 번 더 읽어야 해."

"근데 그렇게 하면 시간이 많이 걸리지 않아요?"

"7과는 복습이니까 부담 없이 쭉쭉 읽어나가면 돼. 반복하면 점점 눈에 잘 들어올 거야."

"오! 그럼 7과 내용을 더 오래 기억할 수 있겠네요!"

"오우, 브라보~ 이해를 잘했구나."

용욱이는 그 후 계속해서 읽기 훈련을 병행했고, 공부 일지를 쓰면서 공부에 더 집중하게 되었다. 오래지 않아 혼자서도 공부를 잘하며 자신감을 회복했고, 원하던 성적 향상도 이루었다.

3SR2E로 자기주도학습 역량을 키우다

학원을 거부하던 고등학생, 공부의 길을 찾다

고등학교 1학년 병철이는 학원과 과외를 그만둔 후 공부를 전혀 하지 않아 성적이 하위권으로 떨어졌다. 중학교 때까지는 영어와 수학 학원에 다니면서 성적을 중간 정도로 유지했고, 가끔 상위권 성적을 받기도 했다. 하지만 고등학교에 진학한 후, 병철이는 학원을 완강하게 거부했다.

"저 이제 학원 안 다닐래요. 너무 힘들어요. 제가 알아서 할게요."

아이가 워낙 강하게 나오자 엄마도 더는 설득하지 못했다. 그날부터 병철이는 혼자 공부했다. 하지만 혼자서 공부하는 방법을 몰랐던 병철이는 점점 성적이 떨어지면서 무기력해져 갔다.

엄마는 다시 학원에 보내려 했지만, 병철이는 여전히 거부했다. 여름방학이 지나고 2학기가 되어도 상황은 나아지지 않았다. 2학기 중간고사에서는 성적이 더 떨어졌다. 더 내버려 두면 큰일 날 것 같다며 엄마는 나에게 도움을 요청했다.

쉬운 과목부터 시작하다

병철이는 공부를 잘하고 싶은 마음은 있지만, 생각대로 되지 않아 반쯤은 포기한 상태라고 했다.

"엄마가 학원에 다니라고 하는데, 왜 그렇게 거절했어?"

"학원에서는 사람을 너무 몰아세우고 공부할 게 너무 많아서 싫어요."

그래서 "늦지 않았으니 할 수 있는 만큼만 조금씩 해보자"고 제안했다. 다행히 병철이는 동의했고, 그렇게 학습 코칭이 시작되었다.

1년 가까이 공부를 손에서 놓은 터라 상태는 심각했다. 병철이도 공부를 해야 한다는 것은 알고 있었다. 그런데 무엇을 어떻게 해야 할지 감을 잡을 수 없다고 했다. 복잡하게 생각하지 말고 우선 할 수 있는 과목부터 해보자고 했다.

"병철아, 일단 같이 공부해보고 싶은 과목을 두 개만 골라봐."

"영어하고 사회를 해볼게요."

"좋아. 그런데 선생님은 다른 선생님들하고 방법이 좀 달라. 나는 설명하거나 가르쳐 주는 게 아니라, 방법과 방향만 알려줄 거야. 결국 공부는 네가 직접 해야 해. 선생님이 열심히 설명한다고 네가 공부가 되는 건 아니잖아? 그리고 선생님도 교과 내용을 잘 몰라."

영어를 3SR2E로 공부하다

시작은 영어, 사회로 했다. 이 두 과목도 성적은 매우 낮은 편이었다. 우선

학교 진도에 맞춰 영어와 사회 교재를 읽어가기로 했다.

하지만 병철이는 모르는 단어가 너무 많아 영어 지문을 소리 내 읽는 것이 어려운 상태였다. 우선 모르는 단어를 찾고 인터넷 사전을 통해서 발음을 정확하게 익히도록 했다. 그런 다음 발음이 익숙질 때까지 여러 번 소리 내 읽게 하였다.

이때부터 '3SR2E' 방식을 적용하여 영어 교재를 읽게 하였다. 세 번 천천히 읽고 시간을 쟀다. 교재 한 페이지를 천천히 읽으면서 내용을 이해하고 뜻을 모르는 단어를 확인하면서 읽어나갔다. 한 페이지를 읽는 데 걸린 시간은 3분 내외였다. 영어 교재 천천히 읽기는 수업할 때마다 2페이지(지문 2개)를 진행했다. 천천히 읽기에 어느 정도 익숙해지자 지문의 모르는 단어를 외울 수 있도록 테스트도 했다.

수업을 천천히 진행했지만 병철이가 모르는 단어도 많고 읽는 것도 익숙지 않아서 수업은 좀 느리게 진행됐다.

하지만 영어 교재 천천히 읽기를 진행하면서 병철이는 공부에 재미를 붙이고 있었다.

"천천히 읽으니까 어때?"

"조금씩 내용이 이해되는 것 같아요."

3SR2E 연습으로 공부 방법을 알아 가다

영어가 끝나면 10분 동안 사회 교과서를 읽었다. 학교에서 사용하는 요약 교재가 있었지만, 기초가 부족한 경우에는 교과서를 활용하는 것이 더 효과적이다.

병철이는 읽으면서 모르는 낱말은 인터넷 사전을 검색해서 뜻을 옮겨 적었다. 그런 다음 천천히 읽어나갔다. 분량은 1~2페이지를 정했는데, 읽는데 2~3분 정도 걸렸다. 천천히 읽기를 3회 정도 진행하니 10분이 조금 더 걸렸다. 읽을 때마다 횟수와 시간을 기록하게 했다. 사회는 5회 천천히 읽기가 목표였다.

어느 정도 읽기 연습이 정착되자 '3SR2E' 방식으로 예습을 하도록 했다. 다음 수업 내용을 집에서 천천히 여러 번 읽고 수업에 참여하라고 했다. **미리 읽어 가면 수업시간에 집중할 수 있고 이해와 암기가 잘 된다. 그러면 자연스레 누적 학습량이 늘어난다. 집에 와서도 쉽게 복습할 수 있다.** 예습을 시작하고 나서 학교 수업이 어떤지 물었다.

"확실히 집중이 잘돼요. 이해도 잘되고요."

병철이는 공부의 방법과 원리를 조금씩 깨우치고 있었다. 그러던 중 기말시험이 다가오자 병철이는 혼자 공부하는 시간을 늘렸다. 학습량과 난이도를 올려서 수업을 진행했고, 병철이도 적극적으로 임했다.

시험이 끝나고 수업하러 갔더니 병철이는 책상 위에 시험지를 올려놓고 기다리고 있었다. 처음에는 성적도 알려주지 않았는데, 이번에는 시험지까지 보여주며 좋은 결과를 알렸다.

"열심히 노력했는데 결과가 잘 나와서 다행이다."

"네, 저도 기분 좋아요."

"포기하려다 다시 마음먹고 했는데, 해보니까 어때?"

"안될 줄 알았는데, 그래도 하니까 되네요."

병철이는 그렇게 천천히 자기주도학습의 길로 들어서고 있었다.

실천 노트) 3SR2E 실제로 해보기

SR(Slow Reading), E(Expressing in writing and in speaking)

3SR2E: 3번 천천히 읽고, 2번 표현하기

구분	방법	읽은 시간
1SR	내용을 이해(생각)하며 천천히 읽는다.	분 초
2SR	중요한 내용에 밑줄을 그으며 천천히 읽는다.	분 초
3SR	선생님이 돼서 친구들을 가르친다고 생각하며 천천히 읽는다.	분 초
1E	읽은 내용을 기억해서 노트에 적는다.	
2E	(선생님, 친구, 자신에게) 설명해본다.	

* 각 회독마다 정해진 읽기 방법에 따라 읽는다.

* 핵심은 천천히 읽는 것이다.

* 모르는 낱말이 많으면, 1SR 전에 낱말의 뜻을 찾아서 책에 적는다.

* 한 번 읽을 때마다 휴식 시간을 짧게 갖는다.

* 한 번 읽을 때마다 읽은 시간을 측정하여 기록한다.

* 횟수가 늘어날수록 더 천천히 읽도록 노력한다.

* 다 읽고 나서는 책을 덮고 읽은 내용을 노트에 적어본다.

* 읽고 적은 내용을 부모님, 선생님 또는 친구에게 설명해본다.

* 3SR2E는 1주일에 2~5회 실천하며, 2~3개월 정도 하면 몸에 익힐 수 있다.

3SR2E -자세히 보아야 보인다 ①

date   .   .   .

과목(교재)		읽은 페이지	~	페이지
읽은 횟수 (해당하는 횟수에 ○표)	1회(이해하며 읽기)	천천히 읽은 시간	분	초
	2회(밑줄 그으며 읽기)		분	초
	3회(무엇을 가르칠까?)		분	초

* 책을 덮고 읽은 내용을 천천히 생각하면서 최대한 기억해서 적어보자.
* 자세히 기록할수록 좋다.

3SR2E -자세히 보아야 보인다 ②

date   .   .   .

과목(교재)		읽은 페이지	~	페이지
읽은 횟수 (해당하는 횟수에 ○표)	1회(이해하며 읽기)	천천히 읽은 시간		분 초
	2회(밑줄 그으며 읽기)			분 초
	3회(무엇을 가르칠까?)			분 초

* 책을 덮고 읽은 내용을 천천히 생각하면서 최대한 기억해서 적어보자.
* 자세히 기록할수록 좋다.

3SR2E -자세히 보아야 보인다 ③

과목(교재)		읽은 페이지	~	페이지
읽은 횟수 (해당하는 횟수에 ○표)	1회(이해하며 읽기)	천천히 읽은 시간	분	초
	2회(밑줄 그으며 읽기)		분	초
	3회(무엇을 가르칠까?)		분	초

* 책을 덮고 읽은 내용을 천천히 생각하면서 최대한 기억해서 적어보자.
* 자세히 기록할수록 좋다.

3SR2E -자세히 보아야 보인다 ④

date   .   .   .

과목(교재)		읽은 페이지	~	페이지
읽은 횟수 (해당하는 횟수에 ○표)	1회(이해하며 읽기)	천천히 읽은 시간	분	초
	2회(밑줄 그으며 읽기)		분	초
	3회(무엇을 가르칠까?)		분	초

* 책을 덮고 읽은 내용을 천천히 생각하면서 최대한 기억해서 적어보자.
* 자세히 기록할수록 좋다.

3SR2E -자세히 보아야 보인다 ⑤

date　　.　　.　　.

과목(교재)		읽은 페이지	~	페이지
읽은 횟수 (해당하는 횟수에 ○표)	1회(이해하며 읽기)	천천히 읽은 시간	분	초
	2회(밑줄 그으며 읽기)		분	초
	3회(무엇을 가르칠까?)		분	초

* 책을 덮고 읽은 내용을 천천히 생각하면서 최대한 기억해서 적어보자.
* 자세히 기록할수록 좋다.

하루 15분 실천으로 완성하는 자기주도학습

3SR2E -자세히 보아야 보인다 ⑥

date   .   .   .

과목(교재)			읽은 페이지	~ 페이지	
읽은 횟수 (해당하는 횟수에 ○표)	1회(이해하며 읽기)		천천히 읽은 시간	분	초
	2회(밑줄 그으며 읽기)			분	초
	3회(무엇을 가르칠까?)			분	초

* 책을 덮고 읽은 내용을 천천히 생각하면서 최대한 기억해서 적어보자.
* 자세히 기록할수록 좋다.

자기주도학습 실천 매뉴얼

2

최고의 공부법,
표현하는 공부

. . .

5분 동안 수업 되살리기

나에게 특별한 재능은 없었다.
그저 남들과 달리 끈질기게 문제의 원인을 찾길 좋아했을 뿐이다.

　　　　　　　　　　　　　　　　　　　　　－아인슈타인(과학자)

　중학교 1학년 은석이는 나름대로 열심히 하긴 하는데, 성적이 기대만큼 오르지 않아 고민이 많다. 그러다 보니 공부 의욕도 많이 떨어진 상태다. 그런 은석이에게 물었다.

　"공부 잘하는 학생들에게 '어떻게 하면 공부를 잘할 수 있느냐'고 물었더니 뭐라고 답했는지 아니? 이거, 이거, 이거를 잘해야 한다고 하던데?"

　"에이, 저도 알아요. 예습, 복습, 수업에 집중. 맞죠?"

　은석이는 자기도 그런 건 안다는 듯이 의기양양하게 답했다.

　"그럼, 수업시간에 집중했겠네?"

　"당연하죠. 아주 집중했지요."

　마치 수업시간이 다시 돌아온 듯 인상을 쓰면서 대답했다.

　"오, 정말 집중했나 보네. 그럼, 오늘 수업시간에 공부한 거 간단하게 적어볼 수 있을까? 집중했으니 기억이 날 거야."

은석이는 펜을 들고 적어보려고 했지만, 쉽지 않은 듯했다.

"아… 그런데 잘 기억이 안 나는데요? 이상하네. 왜 생각이 안 나죠?"

자신도 알 수 없다며 머쓱한 표정으로 고개를 갸웃거렸다.

"그래? 그렇다면 우선 시간표부터 적어볼까? 1교시에 무슨 과목이었지?"

"음… 그것도 생각이 잘 안 나요. 신기하네."

한참 만에야 기억이 났는지 겨우 답한다.

"도덕, 도덕이었어요."

"그래, 그럼 그 시간에 뭘 배웠지?"

"정말 모르겠어요. 생각이 안 나요."

"뭐, 기억나는 단어도 없니?"

"음… 없어요."

"그러면 선생님 옷 색깔이나 헤어스타일 등 뭐 특이한 거 없었어?"

"아, 검정 옷을 입고 오셨어요."

"오, 그래? 그럼 그걸 적으면 되겠네."

"예? 그건 공부하고 상관없는데 그런 것도 적어요?"

"상관은 없지만, 전혀 없다고 할 수도 없어. 수업 내용뿐만 아니라 그 시간에 일어난 일이나 특이한 경험, 선생님의 음색, 그때 맡았던 냄새 같은 것들도 함께 머리에 저장되거든. 그걸 떠올려보면 수업 내용도 함께 떠오르기도 하고. 선생님의 옷도 그런 의미에서 기억에 도움을 주지."

그날 이후, **은석이는 수업이 끝난 후 배운 내용을 기억해서 적어보거나 말로 표현해보는 습관을 들였다.** 코칭 시간에도 나는 은석이에게 수업 내용을 떠올리게 하고 그 내용을 적어보거나 말해보게 했다. 횟수가 늘어날수록 은석이는 더 많은 것을 적거나 말할 수 있었고, 자연스럽게 수업 집중력도 향상되었다.

"수업시간에 공부한 것을
간단하게 적어보는 것만으로도
학습 능력이 크게 향상된다."

중학교의 한 선생님과 효과적인 수업 방식에 대해 얘기를 나눈 적이 있다. 그때 나는 그 선생님과 '강의 시간을 10분 줄이기'에 대해 이야기를 나누었다. "강의 전 5분은 그날 배울 부분을 읽게 하고, 강의 후 5분은 배운 내용을 연습장에 적어보게 하자는 제안"이었다. 나중에 만나 들으니, "강의 전후로 읽고 쓰는 시간을 갖게 하자 학생들의 학습 참여도와 성취도가 훨씬 높아졌다"라고 하였다. 이처럼 수업시간에 공부한 내용을 간단히 적어보는 것만으로도 학습 능력이 크게 향상된다.

변하지 않는 공부 원칙

역설적이지만 암기는 망각에서 시작된다

공부에서 기억은 중요하다. 공부한 내용을 필요할 때 끄집어내지 못한다면 무슨 의미가 있겠는가? 이 문제로 힘들어하는 학생이 많다.

"어제 분명히 공부했는데, 오늘은 잘 기억나지 않아요."

학습 상담을 하면서 이런 고민을 털어놓는 학생들을 수없이 만나왔다.

자전거 타기에도 원리와 방법이 있듯이, 공부도 마찬가지다. 공부 핵심인 암기에도 원리가 있다. 하지만 많은 학생이 이 원리를 무시하고 무작정 외우려고 달려드는 모습을 보면 안타까울 때가 많다.

역설적이지만 암기는 망각에서 시작된다. 망각하기 때문에 기억하지 않아도 될 일이나 기억하고 싶지 않은 일을 잊고 마음 편히 살 수 있다. 하지만 망각 덕분에 기억하고 싶은 것들은 반복해서 부지런히 외워야만 한다.

에빙하우스가 고안한 망각곡선을 보면, 학습을 완료한 시점에 머릿속에 남은 정보의 양을 100%라고 했을 때 20분 후에는 58.2%, 9시간 뒤에는

35.8%, 6일 후에는 25.4%만이 기억 속에 남는다. 일주일이 지나면 공부한 내용 대부분이 기억에서 사라지고 마는 것이다. 이것은 지극히 정상이다. 그렇다면 학습에서 이 망각의 늪을 빠져나오는 방법은 무엇일까?

바로 복습이다. 에빙하우스 망각곡선을 역이용하여 수업 후 20분 안에 1차 복습을 하는 것이다. 정확하게 말하면 수업 직후 3분 정도 시간에 공부한 내용을 훑어보는 것이 좋다. 그리고 그날 저녁에 한 번 더 봐주고(2차 복습), 주말에 다시 한번 확인한다(3차 복습). 그러고는 시험 전에 다시 정리한다면 망각하는 양을 현저히 줄일 수 있다.

간단한 복습만으로도 학습 효과가 입증된 실험 사례가 있다.

학생을 A, B 두 집단으로 나눈 후 A집단은 수업 후에 바로 5분간 복습을 했고, B집단은 복습을 하지 않았다. 6주 뒤에 치러진 시험에서 어떤 결과가 나왔을까? 복습을 한 A집단이 B집단보다 1.5배나 정답률이 높았다.

주기적인 복습은 기억을 높이는 지름길이다. 복습하는 습관은 자기주도학습의 필수 조건이다.

우리 뇌의 해마는 기억을 담당하는 부위로, 반복적으로 들어오거나 나가는 정보를 '중요한 정보'로 판단해 장기기억으로 전환한다. 따라서 단계적인 반복을 통해 이해와 기억을 높이는 3SR2E 학습법은 아주 효과적인 공부법이라 할 수 있다. 특히 뇌는 출력을 중요하게 여기므로 여러 번 읽기에서 그쳐서는 안 되고 반드시 2E(2번 표현하기)로 출력하는 과정을 거쳐야 한다.

3SR2E로 예습을 해야 하는 이유

복습 못지않게 예습도 중요하다. 예습이 복습보다 힘들고 부담스러운 것은 분명하지만, 예습이 수업 시간의 집중력에 미치는 영향이 생각보다 매우 크다. 또 학년이 올라갈수록 학습의 양이 많아지고 난도가 높아져서 복습만으로 내용을 완전히 소화하기는 무리다.

예습은 배울 내용을 완전하게 공부하는 것이 아니라, 배우게 될 내용이 무엇인가를 확인하는 과정이다. 현재 내가 모르고 있다는 사실을 확인하는 것, 그래서 알고 싶은 마음이 생기게 하는 것, 이것이 바로 예습이다. 따라서 수업 전에 단 몇 분 동안 책을 훑어보는 것도 충분히 예습의 효과가 있다.

다만 어휘나 배경지식이 약한 학생은 수업 직전 잠깐의 예습이 별로 효과가 없을 수도 있다. 이런 학생은 하루 전날 모르는 어휘를 확인하는 등, 자신에게 맞는 예습 방법을 찾아야 한다.

사회 과목을 힘들어하던 중학교 1학년 학생이 있었다. 그 학생은 수업 시간에 무슨 말인지 이해하기가 힘들다고 했다. 그래서 나는 그 학생에게 수업 전날 예습을 권했다. 내가 권한 방법은 간단했다. 배울 내용을 반복해서 읽는 것. 모르는 단어의 뜻을 확인하게 하고, 읽을 때마다 밑줄 긋기 등 중요한 부분을 표시하게 했다. 반복 읽기에 익숙해지자, 나중에는 그 부분을 정리하거나 내용을 나에게 설명하게 했다.

이렇게 예습 횟수가 늘어나면서 수업 시간에 아는 내용이 많이 나와 자신 있게 대답할 수 있었고, 수업에 집중할 수 있게 되었다. 그 결과, 시험 성적도 많이 오르게 되었다.

예습을 하게 되면 아는 것도 있고 알 듯 모를 듯한 것도 있으며 예습을 하였지만 도무지 알 수 없는 것도 있다. 아는 것은 알기 때문에 재미가 있어 수업에 집중하게 되고, 알 듯 모를 듯한 것은 호기심이 더해져서 집중할 수 있으며, 전혀 알 수 없는 것은 선생님의 강의를 통해서 알아야겠다는 의욕 때문에 집중력이 높아져서 학습에 도움이 된다.

반복해야만 완전하게 자기 것이 되기 때문에 복습은 꼭 필요하다. 그리고 수업 시간에 흥미와 집중력을 지니고 학습에 임하여야 하기 때문에 예습 역시 필요하다.

언어학자 핌슬러는 외국어 단어를 외울 때 반복 주기로 '5의 n제곱 초'를 권했다. 즉, 첫 학습 뒤에 5초, 25초, 2분, 10분, 1시간, 5시간, 1일, 5일, 25일, 4개월, 2년마다 반복하는 것이 가장 효과적이라는 것이다. 그의 제안의 핵심은 새로운 기억을 만들 때는 자극의 간격이 매우 촘촘해야 한다는 것이다. 따라서 예습-수업-복습의 과정에서 3SR2E를 활용하면 뇌에 적절한 자극을 주어, 새로운 지식을 잘 만들 수 있다.

출력 공부가 진짜 공부다

　한 인문계 고등학교에서 2학년 대상으로 학습코칭 프로그램을 진행할 때의 일이다. 이 학생들은 본인의 학습 방법에 문제가 있다고 생각하고 자발적으로 프로그램에 참가하였다. 나는 학교 수업을 마치고 교실에 모인 학생들에게 '출력하기' 수업을 진행하였다.

　방법은 간단했다. 오전 수업시간에 학습한 내용을 노트에 기억나는 대로 적어보게 하였다. 처음 해보는 것이어서인지 대부분 무엇을 적을지 몰라 노트만 바라보고 있더니, 더 시간이 지난 후에는 황당하다는 듯 서로를 쳐다보며 멋쩍은 웃음을 지을 뿐이었다.

　나는 바로 전 시간에 들은 수업 내용이 생각이 안 나는 건 머리가 나빠서 그런 것도 아니고 수업시간에 놀아서 그런 것도 아니니 너무 걱정하지 말라고 했다. **그동안 '출력하는 공부'를 하지 않아 갑자기 출력하려니 잘 안 되는 것일 뿐이라고 설명했다.** 천천히 조금 더 생각해보면 생각나는 것이 있을 것이라고 말하고, 우선 떠오르는 단어라도 적어보게 하였다.

　잠시 후에 학생들은 조금씩 더듬더듬 적어가기 시작했다. 잘 안 되는 학생들은 교재를 잠깐 본 다음 덮고 적게 하였다. 학생들은 나름대로 수업에 열중했겠지만, 막상 기억나는 게 별로 없다는 사실에 다소 놀라는 눈치였다.

다음 날 한 학생이 수업 전에 질문을 했다.

"선생님, 오늘도 어제처럼 '빡세게' 하나요?"

어제 '수업 내용 적어보기(출력하기)'가 너무 힘들었다며 겸연쩍게 웃었다. **학생들은 그동안 머릿속에 집어넣는 것에만 열중해 왔다. 학교 수업을 듣고, 학원 수업이나 인터넷 강의도 열심히 듣고, 그렇게 듣고 또 들으며 머릿속에 집어넣기 위해 노력해 왔다. 하지만 배운 것을 표현해보는 연습은 거의 하지 않았다. 이것이 공부한 만큼 성과가 나오지 않는 이유다.**

"여러분, 공부는 입력만큼이나 출력도 중요합니다. 배운 내용을 글이나 말로 자꾸 표현해보세요. 표현하면 이해가 더 잘 되고 기억도 더 잘 됩니다. 강의를 들었으면 꼭 표현하는 시간을 가지세요."

나는 표현의 중요성을 강조했다. 그런 다음 다시 수업시간에 배운 내용을 적어보라고 했다. 그러고 나서 이번에는 옆 친구에게 설명하게 했다. 한 학생은 짝이 없어서 나에게 수업 내용을 설명했다. 수학 시간에 배운 내용을 열심히 설명하던 그 학생은 무척 신이 나 있었다. "재미있냐"고 물으니 "네, 선생님. 효과가 좋은 것 같아요"라며 좋아했다.

이렇게 쓰고 말하기를 중심으로 '출력 공부'를 계속했다. 일주일쯤 지나자 학생들이 "이제 공부를 어떻게 해야 하는지 감이 잡혀요"라며 다들 이 방법을 꾸준히 실천하겠다고 했다. **좀 더 일찍 '출력 공부'를 하지 못한 것을 아쉬워했으며, 지금이라도 알게 된 것이 다행이라고도 했다.** 한 여학생은 따로 '출력 노트'를 만들어 모든 과목에 적용하며 실천하고 있다고 말했다.

최고의 뇌를 만드는, 표현하는 공부

유대인의 학습 방법으로 널리 알려진 '하브루타'는 《토라》나 《탈무드》를 공부하면서 '짝을 지어 토론하고 논쟁하고 대화하는 것'을 의미한다. 타인에게 설명하면 혼자 공부하는 것보다 사고가 명확해지고, 기억도 더 잘 된다.

하브루타는 탈무드를 공부할 때 함께 토론하는 짝, 즉 파트너를 일컫는다. 최근에는 **'짝을 지어 질문하고 토론하는 교육 방법'**을 의미하는 말로 확대 사용되고 있다.

EBS의 한 프로그램에서 이와 관련된 실험이 소개된 적이 있다. 대학생 열여섯 명을 두 그룹으로 나눠, 서로 다른 방식으로 서양사의 한 부분을 학습하게 한 뒤 테스트를 받게 하였다. 한 그룹은 혼자 조용히 공부하는 '조용한 공부방'에서, 다른 그룹은 짝을 지어 서로에게 질문하고 답하며 시끄럽게 떠들며 공부하는 '말하는 공부방'에서 학습하게 했다.

3시간 뒤 단답형 5문제, 수능형 5문제, 서술형 5문제로 구성된 시험을 1시간 동안 시험을 친 결과, '말하는 공부방'에서 학습했던 학생들이 모든 문제에서 '조용한 공부방' 그룹보다 거의 두 배에 가까운 점수를 기록하며 압도적인 성과를 보였다.

물론, 학교에서 성적이 좋은 학생 중에는 혼자 조용히 공부하는 스타일이 많은 것이 사실이다. 그래서 조용히 공부하는 방식이 권장되기도 한다. 하지만 이들의 공부 방법을 살펴보면, '말하는 공부법'을 응용하는 경우가 많다. **예를 들어, 남을 가르친다고 상상하며 혼잣말로 설명하기, 노트에 필기하고 정리하면서 자신에게 설명하기, 기억한 내용을 적어보며 출력하기 등 다양한 방법을 활용한다.**

짝을 구하기 어려운 환경 때문에 이와 같이 자기만의 '출력 공부법'을 개발해서 공부하는 것이다. 이 학생들은 우연한 계기로 이러한 방법들을 알게 됐고 그것을 더욱 발전시켰을 것이다.

말하고 표현하는 공부법이 조용한 공부법보다 효과적이라는 사실은 미국 버지니아 NTL(National Training Laboratories)의 '학습 피라미드(learning pyramid)'를 보면 더욱 확실하게 확인할 수 있다.

이 학습 피라미드는 다양한 방식으로 학습한 다음, 24시간이 지난 후 기억에 남아 있는 비율을 피라미드 형태로 나타낸 것이다. 이 피라미드를 보면, 강의 듣기는 5%, 읽기는 10%, 시청각 수업 듣기는 20%, 시범 강의나 현장견학은 30% 정도 기억에 남는다. 그런데 토론은 50%, 다른 사람을 가르치는 방식은 무려 90%에 달한다.

즉, 학교나 학원에서 강의를 듣고 하루가 지나면 머릿속에 남는 지식은 고작 5% 정도라는 것이다. 학습 피라미드에 의하면 듣기 중심의 강의식 수업은 가장 비효율적인 학습 방식이다.

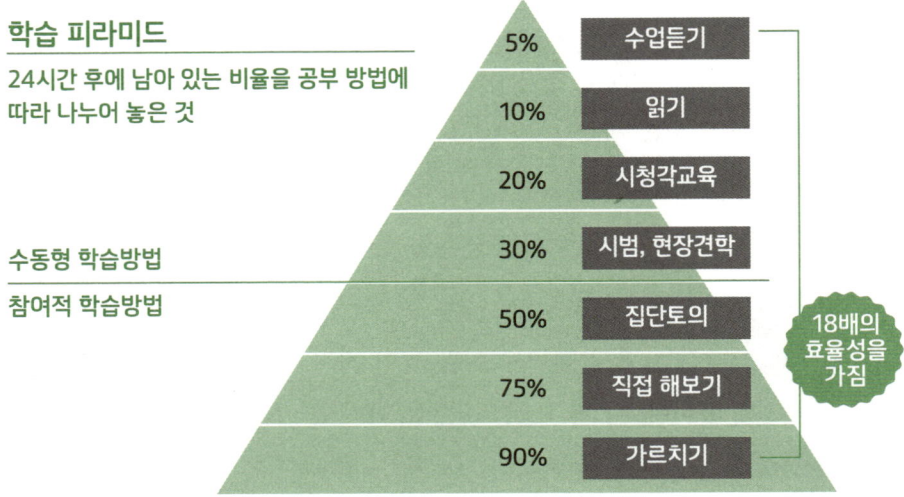

교육내용을 90% 기억하는 법은?

학습 피라미드
24시간 후에 남아 있는 비율을 공부 방법에
따라 나누어 놓은 것

수동형 학습방법
참여적 학습방법

5%	수업듣기
10%	읽기
20%	시청각교육
30%	시범, 현장견학
50%	집단토의
75%	직접 해보기
90%	가르치기

18배의
효율성을
가짐

이 자료에 따르면, 친구에게 가르치는 방식은 강의를 듣는 방식보다 무려 18배나 높은 학습 효율을 보인다. 따라서 수업을 단순히 수동적으로 듣기만 할 것이 아니라, 수업 중이든 수업 후든 토론, 친구에게 설명하기, 가상의 대상을 설정해 가르쳐보기, 노트에 공부한 내용을 자신에게 설명하며 적어보기 등 말하고 표현하는 활동을 적극적으로 활용한다면 학습 효과를 극대화할 수 있다.

"수업 중이나 수업이 끝난 후에
토론, 친구에게 설명하기, 가상의 대상을 설정하여 가르쳐 보기,
노트에 공부한 내용을 생각하며 적어보기 등을
적절히 활용하여 공부한다면 효과를 극대화할 수 있다."

하루 15분 실천으로 완성하는 자기주도학습

수업 되살리기

오늘 (온라인) 수업 시간에 배운 과목 중 한 과목을 선택하여 기억나는 대로 적어보자.

과목 :

1 학교, 학원, 인터넷에서 수강한 과목 중 하나를 선택한 후, '3SR2R(3번 읽고 2번 표현하기)'에서 했던 것처럼 최대한 기억을 되살려 노트에 적어보자.

2 이때 내용의 정확도나 양이 중요한 것이 아니라, 열심히 기억을 꺼내보는 과정이 중요하다. 기억해 내는 양은 횟수를 거듭할수록 향상되므로, 초반에 기억하는 양이 적더라도 걱정할 필요가 없다.

3 초기에는 일주일에 2~3회 진행하면서 적응이 되면 차츰 과목과 횟수를 늘려간다.

4 글의 형식이나 체계적이냐 아니냐는 중요한 것이 아니다. 꺼내보는 연습을 자주 하는 것이 중요하다.

5 다 적은 다음 책을 펴고 빠진 부분은 다른 색깔 펜으로 적으며 무엇이 빠졌는지 확인해본다.

오늘 (온라인) 수업 시간에 배운 과목 중 한 과목을 정해서 기억나는 대로 적어보세요.

과목: 정치와 법

미성년자의 계약 → 보호자의 동의를 얻어야 함.
but, 보호자의 동의가 없을시 계약은 유효하지만 미성년자와
법정 대리인 취소가능.
— 보호자 동의 없이 미성년자가 계약을 체결하는 경우 ⌈ 용돈. 등등
⌊ 옷
*철회권 : 미성년자와 계약한 상대는 미성년자의 계약 의사
의 기한 상안않의 계약 철회가능.

*확답 촉구 : 미성년자 에게 계약의사의 확답을 촉구할 권리.
불법행위 : 법에 어긋난 행위를 가하는 것.
— 고의 or 과실   — 책임능력   — 피해 발생
— 위법성   — 인과관계

특수 불법 행위 : 일반불법 행위 이외의 성립되는 불법행위
1. 행위 무능력자의 감독자 책임.   3. 공작물 점유자·사용자
2. 사용자의 보상.   4. 점유자의 동통.
5. 공동행위 책임.

→ 이러한 불법행위를 저지른 경우에는 과실·무과실 책임이 일어남.
형법에서 지켜야 하는 것 '죄형법정주의' : 성문의 법률이 기재되어
있어야 한다는 원칙. → (ex : 나폴네옹 법전) (~~성문기재~~)
— 소급효 불가   — 유추해석 불가   — 명확성   — 비례 ···

〈수업 되살리기 사례, 정치와 법〉

수업 되살리기 ②

오늘 (온라인) 수업 시간에 배운 과목 중 한 과목을 정해서 기억나는 대로 적어보세요.

과목 : 물리 Ⅰ (복)

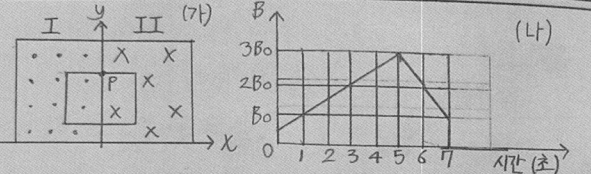

ㄱ. 1초일 때에도 자속이 변화하고 있기 때문에 고리에는 유도 전류가 흐른다.

ㄴ. 영역 Ⅱ에서, 2초가 되어 ⊗ 방향으로의 자기장이 강력해진다. 이때 고리의 유도 전류는 렌츠 법칙에 의해 자속의 변화를 방해하는 방향, 즉 ⊙ 방향으로의 자기장이 생기여 반시계 방향으로 유도 전류가 생기게 된다. 따라서 점 P에서는 $-x$ 방향으로 전류가 흐르게 된다.

ㄷ. (나) 그래프에서, 유도 전류의 세기는 그래프의 기울기의 크기와 같다고 볼 수 있다. 이 때, 3초에서의 기울기의 크기가 6초에서의 기울기의 크기보다 작으므로 $I_6 > I_3$ 이라고 할 수 있다.

∴ ⓛ

〈수업 되살리기 사례, 물리〉

수업 되살리기 ①

오늘 (온라인) 수업 시간에 배운 과목 중 한 과목을 선택하여 기억나는 대로 적어보자.

과목 :

하루 15분 실천으로 완성하는 자기주도학습

수업 되살리기 ②

오늘 (온라인) 수업 시간에 배운 과목 중 한 과목을 선택하여 기억나는 대로 적어보자.

과목 :

수업 되살리기 ③

오늘 (온라인) 수업 시간에 배운 과목 중 한 과목을 선택하여 기억나는 대로 적어보자.

과목 :

하루 15분 실천으로 완성하는 자기주도학습

수업 되살리기 ④

오늘 (온라인) 수업 시간에 배운 과목 중 한 과목을 선택하여 기억나는 대로 적어보자.

과목 :

시험문제 만들어 보며
자기주도력 키우기

시험문제를 출제할 때, 출제자는 치밀한 계산을 하며 문제를 만들어낸다. 선생님은 학생들의 학업 성취도를 측정하기 위해 다양한 방식으로 문제를 생산한다. 기본적인 개념을 묻는 문제부터 고도의 사고력을 요구하는 문제까지 다양하다. 옳은 답 하나에 틀린 답 네 개를 아무거나 배치해서 만드는 오지선다형 문제는 거의 없다.

시험에서 좋은 성적을 얻고 싶은 것은 누구나 마찬가지다. 그래서 시험에 대비해 예상 문제집을 풀어보는 데 집중한다. 이는 매우 유용한 방법이다. 예상 문제집을 풀면서 공부한 내용을 점검할 수 있고, 또 실제 시험처럼 문제를 풀어보며 시험에 대비할 수 있다.

우리는 보통 시험을 통해 자신의 실력을 평가받는다.

하지만 평가받는 수동적 입장이 아니라 출제하는 능동적 입장에 서보면 어떨까?

공부한 내용을 잘 살펴보면서 내가 직접 문제를 내보는 것이다. 이렇게 하면 공부 내용이 전혀 다른 모습으로 보일 것이다. 같은 내용이지만 전혀 새롭게 재구성되어 자신에게 다가온다. **시험문제를 만들어 보면 저절로 지식과 지식이 연결되고 조합되어 새로운 지식으로 재탄생되는 것을 경험할 수 있다.**

따라서 평소에 일정 분량을 공부하고 난 뒤 예상문제를 만들어 보면 이해와 기억은 물론 응용력과 사고력도 향상될 것이다.

내가 만든 시험문제 ①

선생님이 돼서 시험문제를 출제한다고 생각하고
예상문제를 만들어보자. (객관식, 단답형, 서술형 등)
문제 아래에는 답을 적고, 풀이가 필요한 경우 해설을 적어보자.

과목 :   범위 :   ~   페이지

하루 15분 실천으로 완성하는 자기주도학습

내가 만든 시험문제 ②

선생님이 돼서 시험문제를 출제한다고 생각하고
예상문제를 만들어보자. (객관식, 단답형, 서술형 등)
문제 아래에는 답을 적고, 풀이가 필요한 경우 해설을 적어보자.

과목 :   범위 :   ~   페이지

내가 만든 시험문제 ③

선생님이 돼서 시험문제를 출제한다고 생각하고
예상문제를 만들어보자. (객관식, 단답형, 서술형 등)
문제 아래에는 답을 적고, 풀이가 필요한 경우 해설을 적어보자.

과목 :   범위 :   ~   페이지

하루 15분 실천으로 완성하는 자기주도학습

내가 만든 시험문제 ④

선생님이 돼서 시험문제를 출제한다고 생각하고
예상문제를 만들어보자. (객관식, 단답형, 서술형 등)
문제 아래에는 답을 적고, 풀이가 필요한 경우 해설을 적어보자.

과목 :   범위 :   ~   페이지

시험 끝난 다음이 더 중요하다 (피드백)

시험이 끝나면 학생들은 시험이 끝났다며 좋아한다. 시험이 끝났는데 기쁘지 않은 학생이 어디 있을까? 시험을 위해 며칠씩 밤이 늦도록 책상에 앉고, 심리적 압박을 받고, 심지어 부모님의 잔소리를 들으며 '어서 시험이 끝났으면⋯' 하는 마음으로 공부했으니 기쁘지 않은 것이 오히려 이상하다. **하지만 정말 공부를 잘하고 싶다면 시험이 끝나고 나서가 더 중요하다.**

몰입의 관점에서 보면, 학생이 공부에 가장 깊이 몰입하는 순간은 시험 직전이 아니라 시험을 보는 바로 그 시간이다. 문제를 풀기 위해 자세히 문제를 읽고, 문제에서 요구하는 것이 무엇인지 생각하며, 한 문제 한 문제 집중하여 풀어간다. 그렇게 문제를 풀다 보니, 학생이 가장 많은 사고를 하고 머리를 가장 활발하게 쓰는 시간은 바로 시험 당일의 시험을 보는 그 순간이다.

공부가 힘든 것은 공부 몰입에 쉽게 들어가지 못하기 때문이다. 하지만 일단 몰입에 들어가면 그다음부터는 가속도가 붙어서 공부하는 게 어렵지 않다.

시험 기간에는 누구나 열심히 공부하려고 하는데, 특히 시험 전날부터 당일까지 머리는 풀가동이고 집중도는 올라간다. 몰입으로 들어가는 게 쉽지 않지만, 많은 학생이 몰입을 체험할 기회를 시험을 통해서 부여받는 것이다. 그런데 이렇게 어렵게 얻은 공부 몰입의 시간을 시험이 끝나자마자 무너뜨린다면 너무 아깝지 않은가?

시험이 끝났다고 머리에서 바로 공부에 대한 생각을 지우지 말고, 몰입 상태를 조금 더 유지하는 것이 좋다. **그 시간 동안에 시험 중 헷갈렸거나 궁금했던 것, 알고 싶었던 것들을 다시금 확인함으로써 몰입 상태를 지속해 나가는 것이다.**

이렇게 하면 기억하는 데도 훨씬 도움이 된다. 시험이 끝난 후 점검하고 확인하는 과정에서 몰입도가 유지되고, 벼락치기 하며 무작정 외었던 내용도 이해가 되며 머릿속에 지식으로 차곡차곡 쌓이게 된다.

지난 시험 되돌아보기

1 이번 시험에서 가장 만족한 결과가 나온 과목은 무엇인가?

2 시험 준비는 충분하였나? 아니면 부족하였나?

3 시험을 준비하면서 잘한 일은 무엇인가?

4 시험을 준비하면서 부족했던 점은 무엇인가?

5 시험 시간에 긴장하거나 불안하지는 않았나?

6 목표가 적당했다고 생각하는가? 무리한 목표를 세우지는 않았나?
다음 시험엔 어느 정도의 목표가 적당하다고 생각하는가?

7 다음 시험에 꼭 좋은 성적을 받고 싶은 과목은 무엇인가?

8 시험 끝나고 틀린 문제와 잘 모르는 문제에 대해서 이유를 살펴보고 확실하게 알고
넘어갔나? 다음 시험에 똑같은 문제가 나온다면 맞출 수 있을까?

9 다음 시험을 위해서 평소에 어떤 방식으로 공부하는 것이 좋을까?

PART 4

삶의
주인이 되는 공부,
자기 경영

· · ·

주간 자기경영 일지는 일주일에 1회씩 작성한다. 삶의 주인이
되기 위해서는 시간 관리를 잘해야 한다.
계획을 잘 세우고 실천하려면 지난 시간을 돌아보면서 잘한
일과 그렇지 못한 일을 구분하고 그를 바탕으로 실천 가능한
계획을 세운다. 다른 파트와 병행하면서 진행하면 된다.

공부 일기 적고
문제점을 발견하다

중학교 2학년 민승이는 성적은 중간 정도이고 자기표현을 잘 하지 않는 내성적인 학생이다. 여느 청소년들처럼 부모님과는 조금은 멀리하고 싶은 한창 사춘기의 소년이다. 나름대로 꿈을 키우고 있고 자신의 미래에 대한 궁금증은 많은 편이었다. 그런데 부모님이 보기엔 문제도 많고, 별생각 없이 하루하루를 보내고 있는 것처럼 보여서 걱정하고 있었다.

부모님은 모두 직장에 다녀, 민승이가 학교에서 돌아오면 할머니께서 반겨주신다. 하지만 민승이에 대해 엄마에게 시시콜콜 알리는 바람에 엄청 신경이 쓰여, 집에 와서는 되도록 자기 방에서 지내는 편이다.

민승이 엄마는 직장 때문에 아이와 대화할 시간이 부족하고, 갈수록 까칠해지는 민승이 때문에 고민하다가 나에게 학습 코칭을 의뢰해 왔다.

민승이 엄마와 먼저 대화를 나눈 뒤, 민승이와 따로 상담을 진행했다. 그런데 민승 엄마는 상담이 끝나고도 방에서 나갈 생각을 하지 않았다. 엄마 입장에서는 궁금해서 그랬겠지만, 민승이는 불편한 기색이 역력했고, 순조로운 상담이 어려웠다. 민승이가 난감해하고 대답하기를 꺼려해 편안한 상담이 어려웠다. 그렇게 불편한 가운데 상담을 마치고 다음 주부터 수업에 들어가기로 했다.

문제는 다음 주 수업에도 민승이 엄마는 수업 참관을 고집했다는 것이다.

"민승이가 무슨 생각을 하는지 알 수 없어서 궁금하기도 하고요. 선생님이 무슨 말씀을 해주는지 알고도 싶고요. 저 정말 조용히 있을게요."

민승이가 싫은 표정을 지었지만, 엄마는 절대 나갈 것 같지 않았다. "그럼 진짜 조용히 계시고, 말씀하시거나 참견하시면 안 됩니다."라고 말하며 수업을 시작할 수밖에 없었다.

지난 상담 시간에 나온 얘기를 바탕으로 민승이의 공부 방법에 관해 얘기를 나눴다. 민승이는 집에 와서 공부 계획을 세워서 하는 게 아니라 닥치는 대로, 그때그때 생각나는 대로 하고 있었다.

"민승아, 이제부터 공부 일기를 써보는 게 어떨까? 그러면 너의 공부량과 과목별 공부 스타일을 알 수 있어. 그걸 바탕으로 효율적인 공부 방법도 찾을 수 있고."

"전, 쓰는 거 귀찮은데요."

"뭘 많이 쓰는 게 아니고, 네가 그날 공부한 과목과 페이지만 적으면 돼."

"영어 교과서 3과 본문 47~50페이지 2번 읽음."

"수학 ○○문제집 37~38페이지 문제 풀이."

"이런 식으로 매일 기록하면 돼. 일주일 뒤에 얼마나 공부했는지 돌아보고, 앞으로 공부를 어떻게 해야 하는지 계획을 세우는 데도 참고하려고 하는 거야."

"무작정 공부하면 좋은 성과가 나오기 어렵거든."

"네, 알겠어요. 해볼게요."

"그럼 네가 기록하기 편한 노트는 아무거나 준비하면 돼."

그로부터 사흘 뒤 새벽 1시, 잠자리에 들려는데 민승이 어머니로부터 문자가 왔다.

"샘, 민승이 전혀 변화 없음. 공부 일기 기록하지 않음."

수업에 참여하여 민승이가 공부 일기를 기록하기로 한 것을 알고 있는 엄마는 민승이의 공부 일기가 궁금했던 터였다. 그래서 민승이가 자는 시간에 몰래 점검해본 것이다. 다음날, 민승이 어머니에게 전화를 드렸다.

"어머니, 너무 걱정하지 마세요. 아이 학습량을 측정해보려는 거니까요. 만약에 안 썼으면 책을 가지고 확인하면 돼요. 일주일 치니까 양이 많지 않아서 확인하기 어렵지 않습니다."

"근데, 얘가 왜 그렇게 말을 안 듣죠? 그거 쓰면 좋을 텐데…."

"네, 다른 애들도 그래요. 문제가 있는 건 아니고요. 안 해봤으니까 귀찮을 수도 있죠."

다음 수업 시간. 민승이의 책상 위에는 낯선 노트 한 권이 놓여 있었다.

"이게 무슨 노트야?"

"공부한 것 적으라고 하셔서 적은 거예요."

노트를 펴보니 매일 공부한 과목과 분량을 잘 적어놓았다. 민승이는 공부 일기를 빠트리지 않고 매일 적고 있었다. 그런데 엄마는 왜 노트를 발견하지 못했을까? 엄마가 몰래 확인할 것을 예측한 민승이가 다른 데다 숨겨놨던 것이다.

민승이는 계속해서 공부 일기를 적어나갔다. 공부 일기가 쌓이자 나는 공부 일기를 적어보니 무슨 생각이 드는지 물었다.

"공부 일기를 적어보니까 제가 생각보다 공부를 많이 안 하고 있더라고요. 그리고 공부하는 과목이 정해져 있다는 것도 알았어요. 안 하는 과목은 계속 안 하고요. 그리고 시험을 준비하는 기간이 너무 짧은 것 같아요."

민승이는 자기가 생각하는 자신의 문제를 조목조목 얘기했다. 이 과정을 거치면서 학습의 집중도와 태도가 많이 좋아졌다. 스스로 자신의 학습시간과 양이 부족하다고 생각했기 때문에 좀 더 공부 시간을 늘렸다. 편중돼 있던 공부 과목도 골고루 시간을 배분했다.

민승이가 공부에 재미를 붙이자, '천천히 제대로 읽기(3SR2E)'로 교과서와 자습서를 읽도록 지도했다. 민승이는 잘 소화했으며, 혼자서 공부할 때도 3SR2E 방식을 적용해 공부에 더 집중했다.

민승이는 이제 부모님의 기대가 아닌, 자신의 뜻에 따라 공부하기 시작했다. 엄마, 아빠의 간섭도 자연스럽게 줄어들었다. 아빠에게 처음으로 "우리 민승이가 이제 제대로 공부하네."라는 칭찬도 받았다.

* * *

학생이 공부를 잘하기 위해서는 스스로 돌아보는 시간이 필요하다. 그리고 그 과정에서 반성을 통한 새로운 다짐과 계획을 한다면 스스로 공부하는 힘을 키울 수 있을 것이다. 자신을 객관적으로 바라보고 관찰하는 기회를 얻는다면 스스로 자신의 문제점을 발견하고 개선하기 위해 노력하게 된다. 공부 일기를 쓰거나 주간 성찰 일지를 통해 1주일에 한 번 정도는 자신이 잘하고 있는지 점검하는 시간을 갖자.

공부습관 일지로
스스로 공부하는 힘을 되찾다

　종환이는 중상위권 정도의 성적을 유지하고 있었다. 여느 학생처럼 수학과 영어를 개인 지도받던 종환이는 나와 처음 만난 날, "학교와 과외 선생님이 내준 숙제가 너무 많아서 힘들다"고 불평하였다.

　사실 과도한 숙제는 공부에 대한 흥미를 떨어뜨리고 공부에 거부감을 느끼게 한다. 물론 선생님이나 부모님 입장에서는 TV 보는 시간, 컴퓨터 앞에서 노닥거리는 시간, 아무 생각 없이 멍하게 앉아 무의미하게 보내는 시간을 조금만 아끼면 숙제가 얼마든 문제가 안 될 거라 생각할 것이다.

　종환이가 만약 초등학교 저학년이라면, 부모님이나 선생님이 시키는 대로 했을지도 모른다. 하지만 중학생인 종환이는 '왜 이걸 억지로 해야 하나?', '언제까지 이렇게 살아야 하나?' 하는 고민으로 힘들어하고 있었다.

　그래서 어머니한테 "과외 선생님께 얘기해서 숙제를 반으로 줄이도록 하는 게 어떨까요?"라고 제안을 했다. 물론 어머니는 많이 난감해하셨다.

　"짧은 시간이라도 집중해야 하고 그래야 재미와 보람을 느낄 수 있습니다. 지금 방식으로 계속 간다면 많이 지칠 것이고 의욕도 저하될 것입니다."

"그렇지 않아도 과외 선생님한테 들으니 애가 숙제를 제대로 하지 않는다고 그러네요."

종환이에게는 "공부는 양이 문제가 아니라 5분을 하더라도 집중하는 것이 중요하다"고 말해주었고, "공부를 많이 하려 하지 말고 정확하게 하라"고 조언하였다. 또 "모르는 것을 그냥 넘어가거나 '나중에 하지 뭐'라며 미루는 것은 공부를 못하게 되는 지름길"이라고 덧붙였다. 그러고는 바로 '공부 습관 만들기 프로젝트'에 돌입했다.

나는 수업마다 그날 배운 내용을 다시 생각해서 적게 하였고, 그 내용을 설명하게 하였다. 그리고 상대적으로 약한 국어와 과학 과목은 교과서와 참고서를 여러 번 천천히 읽게 하였다. 상황에 따라서는 같은 방법으로 예습을 하게도 하였다.

이렇게 복습과 교과서 읽기 등이 어느 정도 익숙해지자 매일 실천할 수 있도록 '공부습관 일지'를 쓰도록 하였다. 공부습관 일지는 자연스럽게 공부습관을 형성할 수 있도록 구성한 것으로, '자기경영 일지'와 '학습 일지'의 결합 형태다.

자기주도학습은 하루를 성공적으로 보내는 것에서 시작된다. 하루에 해야 할 공부의 필수 항목들을 잘 실천할 때, 그것이 쌓여 한 달, 1년을 성공할 수 있다. 그래서 학습의 기본 틀을 정하고 실천력을 높이도록 '공부습관 일지'를 구성했다.

'공부습관 일지'의 항목은 다음과 같다.

① 오늘 공부 나침반(to do list)

② 수업 되돌아보기

③ 미리 보기 노트

④ 교과서 자세히 읽기

매일 이것들을 실천하고, 주말에는 '주간 경영 일지'를 작성하며 한 주를 돌아보고 스스로 피드백하도록 했다.

실제로 학생들이 '공부습관 일지'를 2~3개월 실천하면 자연스레 공부 습관이 몸에 배는 것을 확인할 수 있었다. 그다음부터는 일지를 쓰지 않아도 자기의 상황에 맞게 조절하며 자기주도학습을 해 나갈 수 있게 된다.

단, '주간 경영 일지'는 계속해서 작성하게 하였다. 일주일 단위로 점검과 계획을 하는 것이 공부 리듬을 유지하고 스스로를 충전하는 데 큰 도움이 되기 때문이다.

공부습관 일지를 두 권을 쓰고 나자 종환이는 스스로 공부하는 힘을 갖게 되었고, 자신의 방식으로 공부해 나가게 되었다.

코칭 수업을 마치고 소감을 물었더니 "전에는 '계획이 무슨 필요가 있나'라고 생각했는데, 한 번 해보고 나니까 정말 많은 도움이 되었어요. 공부습관 일지도 계속 쓰다 보니까 정리가 잘 되었고 또 무엇을 공부하고 있는지 정확하게 알게 되니까 대비하기도 좋았어요."라고 말하며 환하게 웃었다.

오늘 공부 나침반

날짜		월 일 요일
기상 시각		잠든 시각	

To do list 오늘 할 일	결과 (○, △, ×)
◇	
◇	
◇	
◇	
◇	
◇	

오늘 잘한 일 감사한 일	
오늘 반성할 점	
평가	오늘은 100점 만점에 (　　　) 점
과제 & 메모	

삶의 주인이 되는 공부, 자기 경영

수업 되돌아보기
반복은 망각을 이긴다

과목	내용 (암기한 내용, 주제, 공식, 문제풀이, 문장, 단어, 궁금한 점 등)
	* 오늘 공부한 내용을 최대한 기억해서 적어보자.

미리 보기 노트
예습은 수업의 준비다

과목	차례(소제목) & 중요한 어휘, 새로운 어휘	
	차례 (소제목)	
	어휘 & 개념	
	차례 (소제목)	
	어휘 & 개념	
	차례 (소제목)	
	어휘 & 개념	

삶의 주인이 되는 공부, 자기 경영

꿈을 이루는 주간 자기경영 일지 ①

년   월   일

지난주 활동 되돌아보기	
지난 한주 동안 잘한 일이나 활동은 무엇입니까?	학습면: 활동면: 기타:
지난주 수업 집중도는?	1. 수업 시간에 암기와 이해를 병행하였습니까? (상, 중, 하) 2. 중요한 내용과 모르는 내용을 표시하였습니까? (○, △, ×) 3. 수업이 끝난 후 잠시 기억해보고 생각해보았습니까? (○, △, ×)
수업 끝난 후 어떤 공부를 하였습니까?	1. 그날 배운 수업 내용을 잘 복습하고 충분히 이해하고 중요한 내용을 외우셨나요? (○, △, ×) 2. 잠자리 들기 전(10~ 30분 전)에는 하루를 되돌아보고, 그날 공부한 내용을 잠시 생각해 보았습니까? (○, △, ×) 3. 매일 꾸준히 공부한 과목은 무엇입니까?
독서 활동	
한주 동안 자발적으로 공부를 실천하였나요?	
지난주 반성 & 개선할 사항	
지난주 나의 활동 평가	꿈과 목표를 위한 나의 노력은 (A, B, C, D, F) 학점이다.
주간 계획	
다음 주 꼭 해야 하는 중요한 공부	
나에게 한마디 (다짐, 계획, 소망)	

매일 아침에 일어나면 "내가 할 수 있는 일이 뭘까?"라고 생각했다.
그리고 저녁에 잠자리에 들 때는 "내가 그것을 했는가?"라고 자문했다.
나는 그렇게 하루를 시작하고 하루를 마무리 지었다.

- 벤자민 프랭클린

꿈을 이루는 주간 자기경영 일지 ②

지난주 활동 되돌아보기	
지난 한주 동안 잘한 일이나 활동은 무엇입니까?	학습면: 활동면: 기타:
지난주 수업 집중도는?	1. 수업 시간에 암기와 이해를 병행하였습니까? (상, 중, 하) 2. 중요한 내용과 모르는 내용을 표시하였습니까? (○, △, ×) 3. 수업이 끝난 후 잠시 기억해보고 생각해보았습니까? (○, △, ×)
수업 끝난 후 어떤 공부를 하였습니까?	1. 그날 배운 수업 내용을 잘 복습하고 충분히 이해하고 중요한 내용을 외우셨나요? (○, △, ×) 2. 잠자리 들기 전(10~ 30분 전)에는 하루를 되돌아보고, 그날 공부한 내용을 잠시 생각해 보았습니까? (○, △, ×) 3. 매일 꾸준히 공부한 과목은 무엇입니까?
독서 활동	
한주 동안 자발적으로 공부를 실천하였나요?	
지난주 반성 & 개선할 사항	
지난주 나의 활동 평가	꿈과 목표를 위한 나의 노력은 (A, B, C, D, F) 학점이다.
주간 계획	
다음 주 꼭 해야 하는 중요한 공부	
나에게 한마디 (다짐, 계획, 소망)	

매일 아침에 일어나면 "내가 할 수 있는 일이 뭘까?"라고 생각했다.
그리고 저녁에 잠자리에 들 때는 "내가 그것을 했는가?"라고 자문했다.
나는 그렇게 하루를 시작하고 하루를 마무리 지었다.

- 벤자민 프랭클린

꿈을 이루는 주간 자기경영 일지 ③

년   월   일

지난주 활동 되돌아보기

지난 한주 동안 잘한 일이나 활동은 무엇입니까?	학습면: 활동면: 기타:
지난주 수업 집중도는?	1. 수업 시간에 암기와 이해를 병행하였습니까? (상, 중, 하) 2. 중요한 내용과 모르는 내용을 표시하였습니까? (○, △, ×) 3. 수업이 끝난 후 잠시 기억해보고 생각해보았습니까? (○, △, ×)
수업 끝난 후 어떤 공부를 하였습니까?	1. 그날 배운 수업 내용을 잘 복습하고 충분히 이해하고 중요한 내용을 외우셨나요? (○, △, ×) 2. 잠자리 들기 전(10~ 30분 전)에는 하루를 되돌아보고, 그날 공부한 내용을 잠시 생각해 보았습니까? (○, △, ×) 3. 매일 꾸준히 공부한 과목은 무엇입니까?
독서 활동	
한주 동안 자발적으로 공부를 실천하였나요?	
지난주 반성 & 개선할 사항	
지난주 나의 활동 평가	꿈과 목표를 위한 나의 노력은 (A, B, C, D, F) 학점이다.

주간 계획

다음 주 꼭 해야 하는 중요한 공부	
나에게 한마디 (다짐, 계획, 소망)	

매일 아침에 일어나면 "내가 할 수 있는 일이 뭘까?"라고 생각했다.
그리고 저녁에 잠자리에 들 때는 "내가 그것을 했는가?"라고 자문했다.
나는 그렇게 하루를 시작하고 하루를 마무리 지었다.

- 벤자민 프랭클린

꿈을 이루는 주간 자기경영 일지 ④

년   월   일

지난주 활동 되돌아보기

지난 한주 동안 잘한 일이나 활동은 무엇입니까?	학습면: 활동면: 기타:
지난주 수업 집중도는?	1. 수업 시간에 암기와 이해를 병행하였습니까? (상, 중, 하) 2. 중요한 내용과 모르는 내용을 표시하였습니까? (○, △, ×) 3. 수업이 끝난 후 잠시 기억해보고 생각해보았습니까? (○, △, ×)
수업 끝난 후 어떤 공부를 하였습니까?	1. 그날 배운 수업 내용을 잘 복습하고 충분히 이해하고 중요한 내용을 외우셨나요? (○, △, ×) 2. 잠자리 들기 전(10~ 30분 전)에는 하루를 되돌아보고, 그날 공부한 내용을 잠시 생각해 보았습니까? (○, △, ×) 3. 매일 꾸준히 공부한 과목은 무엇입니까?
독서 활동	
한주 동안 자발적으로 공부를 실천하였나요?	
지난주 반성 & 개선할 사항	
지난주 나의 활동 평가	꿈과 목표를 위한 나의 노력은 (A, B, C, D, F) 학점이다.

주간 계획

다음 주 꼭 해야 하는 중요한 공부	
나에게 한마디 (다짐, 계획, 소망)	

매일 아침에 일어나면 "내가 할 수 있는 일이 뭘까?"라고 생각했다.
그리고 저녁에 잠자리에 들 때는 "내가 그것을 했는가?"라고 자문했다.
나는 그렇게 하루를 시작하고 하루를 마무리 지었다.

- 벤자민 프랭클린

꿈을 이루는 주간 자기경영 일지 ⑤

년   월   일

지난주 활동 되돌아보기	
지난 한주 동안 잘한 일이나 활동은 무엇입니까?	학습면: 활동면: 기타:
지난주 수업 집중도는?	1. 수업 시간에 암기와 이해를 병행하였습니까? (상, 중, 하) 2. 중요한 내용과 모르는 내용을 표시하였습니까? (○, △, ×) 3. 수업이 끝난 후 잠시 기억해보고 생각해보았습니까? (○, △, ×)
수업 끝난 후 어떤 공부를 하였습니까?	1. 그날 배운 수업 내용을 잘 복습하고 충분히 이해하고 중요한 내용을 외우셨나요? (○, △, ×) 2. 잠자리 들기 전(10~ 30분 전)에는 하루를 되돌아보고, 그날 공부한 내용을 잠시 생각해 보았습니까? (○, △, ×) 3. 매일 꾸준히 공부한 과목은 무엇입니까?
독서 활동	
한주 동안 자발적으로 공부를 실천하였나요?	
지난주 반성 & 개선할 사항	
지난주 나의 활동 평가	꿈과 목표를 위한 나의 노력은 (A, B, C, D, F) 학점이다.
주간 계획	
다음 주 꼭 해야 하는 중요한 공부	
나에게 한마디 (다짐, 계획, 소망)	

매일 아침에 일어나면 "내가 할 수 있는 일이 뭘까?"라고 생각했다.
그리고 저녁에 잠자리에 들 때는 "내가 그것을 했는가?"라고 자문했다.
나는 그렇게 하루를 시작하고 하루를 마무리 지었다.

- 벤자민 프랭클린

꿈을 이루는 주간 자기경영 일지 ⑥

년   월   일

지난주 활동 되돌아보기

지난 한주 동안 잘한 일이나 활동은 무엇입니까?	학습면: 활동면: 기타:
지난주 수업 집중도는?	1. 수업 시간에 암기와 이해를 병행하였습니까? (상, 중, 하) 2. 중요한 내용과 모르는 내용을 표시하였습니까? (○, △, ×) 3. 수업이 끝난 후 잠시 기억해보고 생각해보았습니까? (○, △, ×)
수업 끝난 후 어떤 공부를 하였습니까?	1. 그날 배운 수업 내용을 잘 복습하고 충분히 이해하고 중요한 내용을 외우셨나요? (○, △, ×) 2. 잠자리 들기 전(10~ 30분 전)에는 하루를 되돌아보고, 그날 공부한 내용을 잠시 생각해 보았습니까? (○, △, ×) 3. 매일 꾸준히 공부한 과목은 무엇입니까?
독서 활동	
한주 동안 자발적으로 공부를 실천하였나요?	
지난주 반성 & 개선할 사항	
지난주 나의 활동 평가	꿈과 목표를 위한 나의 노력은 (A, B, C, D, F) 학점이다.

주간 계획

다음 주 꼭 해야 하는 중요한 공부	
나에게 한마디 (다짐, 계획, 소망)	

매일 아침에 일어나면 "내가 할 수 있는 일이 뭘까?"라고 생각했다.
그리고 저녁에 잠자리에 들 때는 "내가 그것을 했는가?"라고 자문했다.
나는 그렇게 하루를 시작하고 하루를 마무리 지었다.

- 벤자민 프랭클린

삶의 주인이 되는 공부, 자기 경영

꿈을 이루는 주간 자기경영 일지 ⑦

년   월   일

지난주 활동 되돌아보기

지난 한주 동안 잘한 일이나 활동은 무엇입니까?	학습면: 활동면: 기타:
지난주 수업 집중도는?	1. 수업 시간에 암기와 이해를 병행하였습니까? (상, 중, 하) 2. 중요한 내용과 모르는 내용을 표시하였습니까? (○, △, ×) 3. 수업이 끝난 후 잠시 기억해보고 생각해보았습니까? (○, △, ×)
수업 끝난 후 어떤 공부를 하였습니까?	1. 그날 배운 수업 내용을 잘 복습하고 충분히 이해하고 중요한 내용을 외우셨나요? (○, △, ×) 2. 잠자리 들기 전(10~ 30분 전)에는 하루를 되돌아보고, 그날 공부한 내용을 잠시 생각해 보았습니까? (○, △, ×) 3. 매일 꾸준히 공부한 과목은 무엇입니까?
독서 활동	
한주 동안 자발적으로 공부를 실천하였나요?	
지난주 반성 & 개선할 사항	
지난주 나의 활동 평가	꿈과 목표를 위한 나의 노력은 (A, B, C, D, F) 학점이다.

주간 계획

다음 주 꼭 해야 하는 중요한 공부	
나에게 한마디 (다짐, 계획, 소망)	

매일 아침에 일어나면 "내가 할 수 있는 일이 뭘까?"라고 생각했다.
그리고 저녁에 잠자리에 들 때는 "내가 그것을 했는가?"라고 자문했다.
나는 그렇게 하루를 시작하고 하루를 마무리 지었다.

- 벤자민 프랭클린

하루 15분 실천으로 완성하는 자기주도학습

꿈을 이루는 주간 자기경영 일지 ⑧

년   월   일

지난주 활동 되돌아보기

지난 한주 동안 잘한 일이나 활동은 무엇입니까?	학습면: 활동면: 기타:
지난주 수업 집중도는?	1. 수업 시간에 암기와 이해를 병행하였습니까? (상, 중, 하) 2. 중요한 내용과 모르는 내용을 표시하였습니까? (○, △, ×) 3. 수업이 끝난 후 잠시 기억해보고 생각해보았습니까? (○, △, ×)
수업 끝난 후 어떤 공부를 하였습니까?	1. 그날 배운 수업 내용을 잘 복습하고 충분히 이해하고 중요한 내용을 외우셨나요? (○, △, ×) 2. 잠자리 들기 전(10~30분 전)에는 하루를 되돌아보고, 그날 공부한 내용을 잠시 생각해 보았습니까? (○, △, ×) 3. 매일 꾸준히 공부한 과목은 무엇입니까?
독서 활동	
한주 동안 자발적으로 공부를 실천하였나요?	
지난주 반성 & 개선할 사항	
지난주 나의 활동 평가	꿈과 목표를 위한 나의 노력은 (A, B, C, D, F) 학점이다.

주간 계획

다음 주 꼭 해야 하는 중요한 공부	
나에게 한마디 (다짐, 계획, 소망)	

매일 아침에 일어나면 "내가 할 수 있는 일이 뭘까?"라고 생각했다.
그리고 저녁에 잠자리에 들 때는 "내가 그것을 했는가?"라고 자문했다.
나는 그렇게 하루를 시작하고 하루를 마무리 지었다.

- 벤자민 프랭클린

삶의 주인이 되는 공부, 자기 경영

하루 15분 실천으로 완성하는 자기주도학습

2025년 7월 10일 초판 1쇄 인쇄
2025년 7월 18일 초판 1쇄 발행

지은이 | 정형권
펴낸이 | 이병일
펴낸곳 | **더메이커**
전 화 | 031-973-8302
팩 스 | 0504-178-8302
이메일 | tmakerpub@hanmail.net
등 록 | 제 2015-000148호(2015년 7월 15일)

ISBN | 979-11-87809-59-3 43190